雕塑——《ZYZ 先生》

相信自己，靠自己，随时随地尽自己的一份儿往最好里做去，
让自己活得有意思，一时一刻一分一秒都有意思。

——节选自《散文精读·朱自清》

乐山乐水　侠胆柔肠　饶人且饶　帮人且帮

君子淡交　廉耻不忘　举目锦绣　出口成章

不唯先圣　敢做敢想　出可为将　入可当相

浩然正气　蹈火赴汤　国运家道　蒸蒸日上

一八二院　天高气爽　丹桂花开　满园溢香

无雾无霾　乾坤朗朗　廊写春秋　七洲四洋

春风浩荡　雯云霓光　长廊曲曲　伸向远方

长廊赋

——为郑州一中《文化长廊》而作

曲曲长廊　似短又长　这头江湖　那头庙堂

贩夫走卒　引车卖浆　雅人名士　学者师长

三教九流　农工学商　尺有所短　寸有所长

萃取菁华　剔去糟糠　鸿鹄少年　奋发图强

三年寒窗　刮目相望　齐家治国　勇于担当

做民守法　勤勉善良　做官有为　造福一方

扶困济弱　慷慨解囊　忠勇智信　温恭俭让

雕塑——《牧羊坡》

君子之教喻也，道而弗牵，强而弗抑，开而弗达。

君子之于学也，藏焉，修焉，息焉，游焉。

——《礼记·学记》

朱丹 著

守望者的麦田

（修订版）

河南科学技术出版社

·郑州·

图书在版编目（CIP）数据

守望者的麦田 / 朱丹著 . —修订版 . —郑州：河南科学技术出版社，2023.3
ISBN 978-7-5725-1137-0

Ⅰ . ①守… Ⅱ . ①朱… Ⅲ . ①教育工作—文集 Ⅳ . ① G4–53

中国国家版本馆 CIP 数据核字（2023）第 041935 号

出版发行：河南科学技术出版社
　　　　　地址：郑州市郑东新区祥盛街 27 号　　　邮编：450016
　　　　　电话：（0371）65737028　65788613
　　　　　网址：www.hnstp.cn
总 策 划：李喜婷
策划编辑：黄甜甜　张春龙
责任编辑：周青珠
责任校对：李平平　吴　佳
装帧设计：张　伟　杨红科
责任印制：张艳芳
印　　刷：河南省环发印务有限公司
经　　销：全国新华书店
开　　本：720 mm×1 020 mm　1/16　印张：16.75　字数：218 千字
版　　次：2023 年 3 月第 1 版　　2023 年 3 月第 1 次印刷
定　　价：69.00 元

如发现印、装质量问题，影响阅读，请与出版社联系并调换。

名不见经传

——《守望者的麦田》修订版编辑手记

一、再版感言

《守望者的麦田》修订版指日付梓，心心念念了五年之久的一件事终于落地，心安矣！

《守望者的麦田：朱丹教育文集》2017 年 8 月第 1 版第 1 次印刷，考虑到教育图书的市场销量，编辑室印刷了 5000 册。但竟有点出乎意料，在没有任何宣传的情况下，库存很快告罄，一个月后又加印了 1 次。读者群体除了教师和其他教育工作者外，还被一部分教育主管部门和教科研部门选为校长、教师培训用书。

第二年，主任要我把修订版列入当年工作计划，可朱校长让我"等等"。四年多过去了，我虽然多次约朱校长商量出版事宜，朱校长都用"再等等"这句话婉而拖之。或许是疫情让人有了更长的居家时间，或许是朱校长受不了我们一遍又一遍地催促，半年前我们终于把再版的时间敲定下来。

和第一版相比，本书的篇目做了很大的调整，新增加的内容多是朱校长近几年的新作。虽然谈的都是教育领域的常见话题，但朱校长的视角和观点，遣词造句和语言风格，绝不落于窠臼、人云亦云。平实的文字透露出他为人做事的务实精神，字里行间散发着对教育教学近乎炙人的热情与关切，所以看过的人都说文章清新、向上，绝不颓废、油腻；中肯、个性，绝不概念化。他的毕业致辞一经媒体转载，点击量瞬时破万。

二、图书展一等奖

2018年12月第三十届北方十省市（区）优秀科技图书评选会召开，我社有五大种类图书参评，考虑到诸多因素，本书不在荐送之列。得知这个消息的时候，适逢编辑室主任出差外地，但我们却不约而同地向社领导推荐了这本书，在我们的强烈"要求"下，社领导同意荐送图书中附带上这本书。后来获奖名单公布，《守望者的麦田：朱丹教育文集》获得了全社送评科普类图书的唯一一个一等奖，社领导及同事和我们开玩笑说，"一不小心"候补成"状元"了啊。

三、走近朱校长

初闻朱校长是读他的毕业致辞，那天编辑室里大家聊起了网红的话题，有人当场朗诵了他的一篇毕业致辞，霎时"审者忘其审，校者忘其校"。有人感慨："将来一定把孩子送到郑州一中读书！"

主任说:"我现在就把'致辞'整成纸质版,得让我老公拜读拜读。"初见朱校长是在我社出版《郑州一中主体课堂》丛书的策划会上,他的儒雅、执着、实在和一丝不苟,让我感觉到了一种先生之风。后来接触逐渐多了起来,觉得他一直在读书,在思考,在课堂上,在学生中……孜孜不倦,乐此不疲。

"铁打的编辑,流水的书稿",出版的许多书稿内容已经淡忘,但这本书的一些篇目和金句依然清晰。审读完这本书似乎让人咀嚼出了教育的精髓与要义,似乎让人懂了教育的"润物细无声"。文如其人,朱校长的书一如他的性格:做文绝不匆匆下笔,做事也绝不糊弄,做工绝不交差了事,做人也严格要求自己。

"幽林剪破清秋影,高手携来绿玉光。"修订版完稿的那一刻,脑海里突然浮现出人民教育家、思想家陶行知的话:"校长是一个学校的灵魂。要想评论一个学校,先要评论他的校长。"

这本书"名不见经传",但绝对值得一读!

总得有人去擦亮星星

日居月诸，大海星辰，蓦然回首，岁月已灯火阑珊。汹涌澎湃的涛声依稀耳鼓，五彩斑斓的春色恍若眼前。

春风吹绿大地，秋意染透碧空，一寸时光自有一片风景，一掬空间自有一段梦幻。度过了那段时光，走过了那方空间，闲坐在一棵树下，或者踯躅在一条河旁，静静地注视、默默地遐想、慢慢地沉淀……

教书生涯四十余载，而今鬓已星星，以手抚膺，些许慰藉、些许遗憾，都化成梦里回营……

那日朝霞熹微的春晨，那天星光灿烂的秋夜，那片高耸入云的水杉，那排沁人心脾的香樟，那座竹林掩映的ZYZ先生雕像，那坡放逐着羊群的绿草地……深情的瞬间流转成心底的永恒。

一个教育者究竟可以做些什么、带来什么？这些问题像滴水潭的波浪，像兄弟湖的涟漪，像红花烂漫的槐林，像飒飒作响的青竹，印刻在深深的心底，浸透在字里行间。

风吹来的时候，绿色的叶面背后是耀眼的白光。人生如是：案牍劳形之中享受曼妙乐声，宵衣旰食之余欣赏春光乍现。身旁是永永远远的花季雨季，眼前是快快乐乐的青春诗篇。我迎接着最热烈的目光演讲，我目触着灵感乍现的画面听课，我庆幸自己的油腻被少年的青涩洗出清爽，自己的复杂被孩子的简单化为纯净。一叶惊秋，风飘万点，我感到庆幸！我永怀感恩！

　　这些文字是否足够表白我的内心，一直使我惴惴不安。岁月一定会洗淡字迹，但愿能留下温暖学子的些许光和热。

　　昼夜伏案的日子总让我眷恋难舍，略显喧闹的校园总使我缱绻缠绵，感谢学生酿造了我生命的美酒！也感谢家人、师长、同事和朋友的热忱和支持！

　　美国诗人谢尔·希尔弗斯坦说："总得有人去擦亮星星。"无边无际的星光有时也会黯淡，我多想去擦亮星星，尽管它那么遥远！

序言

年轻人要有更大的担当和格局

记得上高中那会儿，很多同学常说，朱校长是个文人。每周升旗仪式上的讲话，常常都是一篇优秀的议论文。当时高三很流行摘抄，将一些有深度的文字抄录下来，备着有一天放在作文中，朱校长的讲话常常充当了这样的角色。一次语文老师开玩笑说："你们这样在作文里引用校长的讲话我很为难，是该给你们打高分呢，还是要请示校长呢？"同学们哈哈大笑，但依旧引用如故。我不知道语文老师最后打了多高的分数，也不知道有没有向校长"通风报信"，但很多摘录下来的话，确实久久萦绕在脑海，影响着我们的学习、成长。而理解这些话，是需要人生阅历的。现在看来，很多经典之语当时我们还不能完全领悟，比如"人一旦有了追求和向往，也就有了缺陷和遗憾"，那时的我们似乎都只会顺着读：有追求就有期待，而期待总有落空的时刻。后来慢慢步入社会，回过头再审视校长的这句话，才明白可以倒着读：缺陷和遗憾是人生的常态，正因为有遗憾，才让我们不停地向往熠熠生辉的人生。类似的经典之语有很多，你可能想象不到，作为一所高中的校长，还可以和你谈爱情、谈文学、谈人生、谈诗酒趁年华，没有"你们要好好学习"的说教，没有"你们要不问世事"的麻木。每一次毕业典礼上、升旗仪式上的讲话，都凝聚着朱校长对生活的理解，对教育的思考，展现着他从容的处事态度。从这个意义上讲，朱校长从来都不是文人，而是哲学家，教育家。

记得高一期末学生会面临换届，朱校长提出每个同学都应该有机会参与学生会，学生会应该发挥它服务学生的职能，遂对学生会进行了改选。那次改选，我对笔试最后一题印象深刻：如果你作为学生会负责人，当同学们的切身利益得不到满足时，你会带领团队怎么做？我大概是这样作答的：学生会还是要把同学们的利益放在第一位，了解清楚大家的真实需求是什么，要就这些和学校做充分沟通，合理的需求要代表同学们不卑不亢地争取，学校实现起来有困难的也要客观地和同学们好好说。在追求更稳妥答案的高中，比起一些中性、模糊的立场，我这个回答是有棱角、也是有风险的，然而事后，笔试成绩我名列前茅，是朱校长亲自打的分。后来一次和校长聊起高中学生会的使命，校长说了一段我至今难忘的话："当老师的谁不希望学生好。但学生多，诉求就很难都满足，这个时候学生会的主体性就很重要。你来自学生，就要真正了解学生，替学生说话，这是担当；你代表学生，就要向各方了解情况，做客观判断，这是格局。学生会要有这样的担当和格局啊！"校长这么说，也是这么做的。在高中学生会的日子里，我们经常代表学生参加校务会，可以和校长直接面对面，对学校很多决策提出了学生的建议，比如卫生管理如何改进，火灾演习有哪些不周，食堂饭菜质量如何提高，等等。现在想想，就像孩子对父母提家里的装修建议，父母不仅不笑话，还认真地记录下来，很多得到了实现，这种尊重和爱护，是一中特有的独立之精神，也是校长对学生培养的大爱和远见。后来到了大学，自己参与了更多的学生工作，从学生会到学联，我的深切感受是，一中的学生会在很多理念和工作上，是比很多大学都要超前的，能在这样的环境下学习成长，自觉是多么幸运，这令我受益终生。

韩愈曾说："世有伯乐，然后有千里马。千里马常有，而伯乐不常有。"郑州一中的学子都是同龄人中的好学生、好孩子，他们的成长不仅关乎自己，关乎他们的家庭，也关乎社会与民族，我们在高中就能聆听那么多一步步摸索出的人生感悟，思考那么多一点点积累来的生活智慧，这对人生的影响是十分深远的。对我而言，校长的话，早已内化为我对良师的感激、对慈父的感怀，激励着我更有担当，追寻更大的格局，纵然猜测到那未知的人生会有缺陷与遗憾，但依然愿让青春在不断追求令更多人美好的路途上焕发光彩。

学生皇甫

2017 年 6 月 12 日于清华大学

作者简介：

江皇甫，郑州一中 2010 届校友，清华大学公共管理学院博士研究生。曾任郑州一中学生会主席、全国学联执行主席。

目录

教材·课堂·考试

守望者的麦田

高高的水杉树

少年人要见异象

教育的理想国

教材·课堂·考试

校长的背影

初识朱校长，应该是在1997年的秋天。那时我是《郑州晚报》（现《郑州日报》）《教育》专版的责任编辑，出于工作需要，经常和郑州市各个中小学校的校长、教师们联系，探听教育动向，捕捉相关新闻。无数个电话、无数个信息，意外得之，名校郑州一中，有个朱丹副校长，不仅化学课讲得好，是全国化学奥赛的教练，在业界颇为知名，更难得的是，还写得一手好文章。

我半信半疑，好奇地想一探虚实。辗转电话联系到朱校长，直言相告，向他约稿。电话那头，是他客客气气地寒暄，不急不缓地说话，他答应了下来，说一周内交稿。

一周后有了一次顺理成章的见面。那一天，阳光洒满了落地窗，斑驳的光影下，他慢慢谈起了他的学生，他的课程和课堂……有点有面，跌宕起伏，虽然我听得似懂非懂，却饶有情趣，心里暗想，他可真是个"控场"高手。

而他带来的一篇指导学生学习方法的千字文，写得小巧精致，看得人意犹未尽。我当时就决定，给朱校长开一个专栏，每周发一篇他对教育的所思所想。

25年前的党报拥有广大的读者群，我清楚记得，他的专栏开了6个月，我收到了打爆的电话和雪片般的信件，热情的读者向他提出了千奇百怪的问题，有对教育子女的困惑、不解，也有想和他谈合作的其他平台，甚至还有家长里短的杂事请教他如何处理……朱校长怎么一下子成了"心灵热线"？

不记得他有过什么抱怨，他还是认真写文章，认真和家长谈心，认真辅导学生。他着急过吗？他厌倦过吗？他是怎么分配忙碌的时间，应对纷杂的事务，又怎么做到耐心、周到的？我至今无解。

2004年，我被调到《河南日报》内参部工作，大约是2005年，编辑到一篇同事采写的朱丹校长访谈录，是全省"内部交流"的重要稿件。和朱校长再次相见，他笑意盈盈，说话还是不急不缓，表达仍是疏密有致。那一次，他不仅谈到了教学方法，还有对郑州一中主体课堂教学模式的探寻。他说，学生要成为真正的主体，需要从根本上树立起新的教学论……他谈得投入而执着。

他爱学生，爱得刻骨铭心，在每一年的毕业典礼上，他的演讲都让学生潸然泪下，让家长为之动容，让读者津津乐道。2017年，他的毕业致辞在《河南日报》客户端首发后，2天的阅读量就达到了6.1万，创下了新高！

作为一个有情怀、有学问的校长，他把有观点的灵魂撒播在了学生的心田，把他的风骨、他的哲理深深镌刻在了读者的心上，把他的儒雅转化为一种能力去引领更多的人，并让他们变得更加美好。

25年的时光悄然而逝，当我又一次看到朱校长并且目送他远去的时候，我突然想起了朱自清先生的《背影》……

赵慎珠

作者简介：

赵慎珠，资深教育记者。现为《河南日报》高级编辑。多次获全国、全省各类新闻奖。

论课堂

教师生活在两个世界：一个是柴米油盐的现实世界，另一个是课堂的"世外桃源"。他们在现实世界里会因为政治和经济地位而感到人微言轻，但在课堂的"世外桃源"，科学的瑰奇和人文的美丽使他们有了诗意和远方。鲁迅有诗："躲进小楼成一统，管他冬夏与春秋。"课堂就是教师一生的小楼，教师身在其中，体验着生命的纯洁和真挚，享受着理想的真善和静美。无怪乎孟子说："君子有三乐……得天下英才而教育之……"

小小三尺讲台搭建了教师的几乎整个精神世界，那里有大爱的教育情怀、艺术的教学设计、学问的思想厚度、丰润的学科素养……课堂——教师个人事业的大天地和学校文化的大世界。

那么关于课堂应该怎样评价呢？笔者建议从以下五个方面评价：

一、**课堂的布局**。课堂首先要有大局观。课堂是国家和社会着眼于未来发展、以知识为载体的生命活动，在这种活动中，教师不仅是知识的化身，更展现出了自己的教育眼光和教育思考。人们希冀明天更美好，这个梦想要靠更优秀的下一代人来实现。课堂的意义就是培养出更优秀的下一代人，让知识得以传承和发展，让人性得以进步和进化。从这个根本出发，课堂的功能就既要着眼于学业成绩的发展，又要着眼于支持着学业成绩发展的心智成长、意志成长和品质成长。课堂的任务既要着眼于知识学习的战略战术，又要着眼于品行培育的春风化雨。课堂的评价既要着眼于教学的成与败，又要着眼于教育的得与失。

有教育大局观的课堂，教师既有关于学科知识的严谨构思，又有关于思维、视野、道德的教育设计。

有教育大局观的课堂，教师总能在课堂方案里把学生的自主活动放在设计的首位。

有教育大局观的课堂，既不否认认知规律在学业发展中的指导意义，又重视价值观、理想主义和心脑科学在治学上的重要价值。

有教育大局观的课堂，笃信自主精神在个体精神和学业的双重成长中的不可或缺的作用。而唯知识的课堂只迷信"扣、盯、抓"的管理。

有教育大局观的课堂，把"身心成长"作为主旨；唯知识的课堂则把"获得知识"作为目的。

课堂的类型和样式虽然很多，但从本质上说只有两种：以学为中心的课堂和以教为中心的课堂。

二、课堂的环节。新课堂都有自学和研讨的环节，但有自学和研讨环节的不一定是新课堂。有的自学是教师把语言的教学变成了文字的教学而已，学生沿着教师设定的路线，思考着教师设计的问题，寻觅着教师设置的答案。这种自学不叫自学，它依然甚至更加强化了对学生思维的禁锢。自学有一个重要的品质就是开放性。开放性有空间和自由两个维度，丧失了思考的空间，没有了选择的自由怎么能叫作自学呢？现在常说要让孩子从"学会"走向"会学"，没有了开放性作为自学的前提和保证，怎么能实现"会学"这个目标呢？

研讨是学问切磋的过程，同学之间因为同龄人在成长过程中有着相同的时代背景、相近的学习经验、相通的语言沟通表达方式，极容易获得一致的心理取向，从而形成和谐的学术情境。

研讨应该在一种宽松的氛围中进行，这样说和纪律无关。宽松指的是学生没有对回答失败的恐惧，指的是教师摈弃了强势引导的企图。

研讨不应该有行政化的分工，不需要构建组长和组员关系去推进，而需要营造沙龙式的环境氛围和心理氛围，民主最应该出现在研讨的场合。

研讨可能会冷场，当讲授已成了学生们的学习习惯，主动思考、切磋交流的欲望就发生了钝化。这时候教师要注意三点：第一，适当降低教学内容的难度；第二，教师要增强耐心和定力，特别注意爱护学生的表达诉求，并尊重学生表达的结果；第三，放松对问题讨论的方向和对局面的控制，教师不要用自己的经验定式干预学生，不要有对课堂失控的恐惧感，这种恐惧感可能来自学科教学的实力不足或师道尊严的心理，其实当你抱定了放下架子甘当小学生的心态，想象中的复杂和难堪就会变得简单和平顺。

精讲是课堂体现教师主导作用的环节，是教师学科教学水平的试金石。"精"字有两个意思：一是数量要少，二是质量要好。"精"是指对教材有取有舍，舍是留给学生自学和研讨的，取就是老师高屋建瓴、提纲挈领地讲解，而不是面面俱到地在教材上盘桓：反复讲、反复练、反复考，这样的教学观念很难做到精讲。教师只需三五年工夫即可达到学科知识烂熟的地步，多讲很容易，精讲却需要立足教育的本质，站在学科的高度，抓住精要，区分纲目，将章节与章节、甚至学科与学科融会贯通，萃取出学科思想，归类出规律方法。

三、**教师的基本功**。教师有两项最重要的基本功，一是板书，二是朗读。板书有两个指向：一是粉笔字的书法功夫，二是板书内容的概括能力。书法在学堂的地位已经式微，而今写字只不过是极少爱好者的非作业性练习。有许多知识分子学问做得很好，字却写得糟糕。古有"以貌取人"之说，对社会大众来讲，书法虽然不等于学问，但"以字取师"仍然是普遍心理。但光字写得好还不行，教师非得有对知识内容的较强概括能力，才能使板书简洁、准确、明快。

在语言类学科里（语文、英语），朗读对学生的语感和情感都发挥着不可替代的作用。记得20世纪70年代之前，中小学教师非常重视课堂上的朗读环节，他们读起来摇头晃脑，沉浸在自我陶醉中。学生也为教师的语言之美、文章的意境之美而感动，教师醉在诗情和画意中，学生醉在理想和远方里。如今的课堂，教师朗读时少了自得和痴癫，学生听读时少了忘我和神往。如果没有了朗读，只剩下了语法，只剩下了八股套路，语言学科的美还有多少价值呢？

四、教师的四种能力。第一种能力是处理教材的能力。过去，教材是课堂教学的依据；现在，教材是课堂教学的参考。作为教学依据时，教师必须围着教材转；作为教学参考时，教材任教师裁剪所用。教师对教材进行取舍时，必须熟悉课程方案和课程标准，熟悉学科知识体系，熟悉学情，必须在这个前提下写出完整的课案。完整的课案是指要有指导学生自学的学案，要有精讲的讲案，要有体现教育教学艺术的组织教学的堂案。这种课案是有生命的方案，因为教师走进教室并不是课案的结束，而是课案在进行中。课案要因课堂中的生成问题而随时调整，要因课堂的总体感受在课后进行补充和完善。

第二种能力是培养"问题意识"的能力。有人说出了校门走入社会后，脑海中留下的东西才是学校学到的东西。据说留在脑海的东西只有20%左右，是忘记还是留在记忆中，皆来源于是否产生"问题意识"。若学习知识经过了冥思苦想、经过了夜不能寐、经过了难以释怀，恐怕就永远也不会忘记了。所谓"问题意识"，就是让学生在课堂学习的过程中，生发出遐想和异想，遇到过困惑和困难。好课堂不是一览无余的课堂，而是在思索中感受了花明柳暗的课堂。

第三种能力是课堂的调动能力。这种能力似乎无关教学，但对学生的学习热情、学生的专注度、学生思维的方向和区域、学习困难生的心理状态有着举足轻重的作用，反映着"教师主导"角色水平的就是这种能力，这种能力是禀赋，是教师素养的展现，是读书、阅历和课堂经验的长期积淀。

第四种能力是语言能力。它包含着口头语言、肢体语言和表情语言，它决定于先天的智能类型、后天的文化功底以及对教育的理解和追求。口头语言要简洁、明快、亲切、准确。肢体语言和表情语言要爱善、形象、友好、自然。语言能力不仅是伶牙俐齿，它有着深刻、精辟、风趣、明快、朴实等诸多内容，是教师各种核心素养的外显形式。

五、要有课堂观。课堂对学生来讲，不仅仅是知识的获取，更是心智和品德的成长。

《西游记》中唐僧师徒四人西天取经，历经千山万水：火焰山、通天河……受了九九八十一难，最后才成就了英雄传奇，到达涅槃世界。我们不禁要问：千灵万能的玉皇大帝，法力无边的如来为什么没有免除师徒四人的万里迢迢之苦难、身陷妖魔鬼怪之险境呢？而只在他们束手无策的绝境面前才云端呈祥，救他们出水深火热？这就告诉我们一个生命的真理：想让弟子成佛，就应该只给他指出一个方向，种下一个信念，而后任由他百般挣扎、柳暗花明、劫难波折……九九八十一难，少一难也不能成佛！

当教师读出《西游记》的这层深刻用意，课堂观就会发生翻转的变化。

课堂观与课案

课程改革的主战场在课堂改革，要保证课堂改革的正确方向，就要树立正确的课堂观。新的课堂观不牢，课案和课堂就会露出"以知识为中心"的尾巴。如果说课堂观是战略，那么课案则是战术，课堂观和课案决定了课堂面貌。

一、课堂观

课堂观就是关于课堂的观点。它直接反映教育的理念、教学的指导原则。旧的课堂观把知识技能的传授作为课堂的使命，强调以双基（基本概念、基础知识）为目标，以背诵、记忆、训练为学习方法，以考试中的表现为评价。这种课堂观下的课堂，教师离不开两大法宝

——教科书和教学参考书，教学水平的高下只在课堂上"教材解释"表现的优劣。钟启泉[1]先生转引日本佐藤学[2]先生的

---

[1] 钟启泉，华东师范大学终身教授。专攻比较教学论、课程论、国际教育学。
[2] 佐藤学，东京大学教育学博士。从事课程论、教学论、教师教育等领域的研究。

话，称这种课堂为"阶梯型"课堂。这种课堂表现了"系统性和效率性的课程组织特征——追求效率与生产模式，学习的终点是作为目标规定好了的，学习的构成是被划分为狭小的阶梯固定下来的"。钟先生指出"泰勒原理[1]"的课程开发、斯金纳的小步子原理[2]的"程序教学"、本杰明·布鲁姆[3]的"形成性评价"与"掌握学习"理论，都是"阶梯型"课程的典型理论。

新的课堂观把人的本能发展作为教育的本质，以三维（知识、方法、价值观）为目标，以掌握学科思想、改善思维品质、增长知识技能为教学追求，以传承、创新、创造为评价尺度。佐藤学先生把这种课堂称为"登山型"课堂，他说"登山型"课堂组织的特征是以特定的主题为中心来组织教材与学习活动的。在"登山型"课程中，教师已经不是"知识的分配者"，而是作为"导游"，准备了攀登不同山峰的"登山道"，能够疏导登山者面对危险的丛林、沼泽地和悬崖的困惑。而且"导游"能够提供帮助，使得"登山者"自身按照自己的计划快乐地"登山"。

---

[1] 泰勒原理又叫"目标模式"，是拉尔夫·泰勒（1902—1994，美国著名教育学家、课程理论专家、评价理论专家。被美誉为"当代教育评价之父""现代课程理论之父"）在其出版的《课程与教学的基本原理》一书中指出的开发任何课程和教学计划都必须回答的四个基本问题，即确定教育目标、选择教育体验（学习体验）、组织教育体验、评价教育体验。

[2] 小步子原理又叫"小步子原则"，是美国心理学家斯金纳提出的编写程序化教材的主要原则。该原则将学生的学习目标分解为具有逻辑联系的许多"小步子"，由完成一系列"小步子"达到实现终极目标。"小步子"的目的在于控制学生的学习过程，让他们及时作出反馈，以降低错误率。

[3] 本杰明·布鲁姆（1913—1999），美国当代著名的教育家和心理学家，"掌握学习"教育思想的代表人物。他继承了泰勒的研究成果，率先建立了教育目标分类系统。他提出了关于"人类特性"和学校教学的理论，例如掌握学习论、教学评价论（包括诊断性评价、形成性评价、总结性评价）和教育目标分类说。代表作有《教育目标分类学》《人类特性与学校学习》。

二、课案

有了好的课堂观，才有可能写出好的课案。课案是关于课堂的运筹和布局，它以学生的知识、经验发展的现状和心智成长的阶段为出发点，以教师对课堂内容的解读及对不同学生个体的把握为格局，以学生的思维生长和知识技能的由浅入深为情节，准备出缜密的文案。从私塾到学堂，从传统到现代，从应试教育到素质教育，文案的叫法不同，文案的编写理念也不同。称之为讲义的文案，就是先生们讲授的内容概要或提纲，讲义是以知识为线索自始而终的。后来讲义改为教案，教案则是兼顾了知识的循序渐进和组织教学的线索，进行教学的推进和头尾布局。两种文案虽叫法不同，但从课堂上教师在教学关系中的地位和作用来讲却无两样，都表现出了以教师的视角和知识、技能为中心的课堂特征。改革开放以来，课堂变革风起云涌，真真假假的改革让人眼花缭乱，有的将教案做了些许改动，增加了自学、互学的内容，改称为学案。但课堂观依旧没有变化，被自学和被研讨的痕迹难以掩饰：老师设计的学习路线，老师设计的问题，老师给出的答案；有的甚至打着"高效课堂"的旗号，提出预习案、学习案、复习案三案一体，变本加厉地限制了思维空间的开放性和学生学习的自由度。这种所谓的改革模糊了"多元的学习方式取代讲授为主的学习方式"的课改本质："高效"是指在教师的指导下，自己当家作主投入到知识情景中，自己发现问题，自己选择信息和加工方式，自己归类总结，自己得出方法。久而久之，学生不仅积累了知识和技能，更是取得了发现问题、解决问题的自身本能的优化。约翰·杜威[1]有一句话说得好："一切学问和训练，必然要拿人类天然的、生来的本能做根据，利用他自动的

[1] 约翰·杜威（1859—1952），美国著名哲学家、教育家、心理学家，实用主义的集大成者，也是机能主义心理学和现代教育学的创始人之一。代表作有《我的教育信条》《教育哲学》《明日之学校》《儿童与教材》《学校与社会》《经验和自然》《经验和教育》等。

能力，发展他原有的天性，才是新教育的宗旨，从前的教育把学生当作被动的，把许多教授的材料装进学生心里去，就算了事；现在的教育是要学生自动，是让学生个人的本能做主，拿教育做发展他们本能的工具。"现在许多的课堂改革仍是教师在规划学习路线，确定内容取舍，引导思考方向，管理时间分配，构筑思考的问题和空间，这种课堂表现了三大特征：①教材教导力的最优化；②学习时间的最大化；③获取知识路径的最捷化。这里的"效"显然落入了"向管理要质量"的窠臼。殊不知"高效课堂"中"效"的革命性。

按照新的课堂观，我们就要在准备的文案中，站在学生的角度对他们进行学习指导；还要站在学科专家的高度预测出学生自学解决不了的问题、捕捉自学和合作学习中生成的问题，进行以一当十、举一反三的精讲；更要根据学生的兴趣指向、知识间的联系以及道德、情感的糅合，进行教学艺术的创造，我们把这种文案称为课案。所以课案包含了三部分，即学案部分、讲案部分、堂案部分。

（一）学案部分

指本堂课依据的教材和教学内容中，学生通过自学或合作研讨即可掌握的内容。教师要呈现出该内容在所属学科体系中的位置与网络联系，提出学习的建议和说明，并推荐参考题例，为学生的深层思考指出方向，向学生推荐参考的相关书目和材料。撰写学案要以学生的知识水平和思维水平为基础，根据认知规律和心脑科学观点，让学生达到通过自主学习得到更多体会，悟到更多学习经验，产生更多问题意识这个目的。学案是学生学习指导书的纲要性蓝本。

（二）讲案部分

"讲"是针对课堂中知识和技能的难点、重点、制高点，围绕思维方法、学科思想进行精炼的过程。针对学生自学或合作学习中产生的困惑和疑问，教师高屋建瓴采用启发和归类的方法，在学生知识和思维的相近区域，进行战术的突破。讲案是教师精讲环节的预测方案，是教师精讲的参考和依据，精讲过程中的生成部分应是教师格外关注的内容。教师必须在课后对讲案进行补充和反思，讲案真正的完成是在课堂之后，它包含了预测部分、生成部分、反思部分。从这个意义上讲，讲案才是锻造高精尖学科专业水平的炼金炉。

（三）堂案部分

堂案是课堂教学的"蒙太奇[1]"艺术，既是情节的设计、结构的设计、语言的设计等，又是学科知识和非学科知识、智力因素和非智力因素、认知观和价值观的糅合。堂案既是教育之道的浸润之功，又是教学之术的化雨之妙，可开茅塞，可通冥顽。堂案以引起和保持学生的学习兴趣、道德兴趣、生命兴趣为主旨，以培养学习能力和思维品质为目标，以启发和指导为原则。

堂案还包含PPT设计和其他教学媒介的设计。

三案撰写提示：

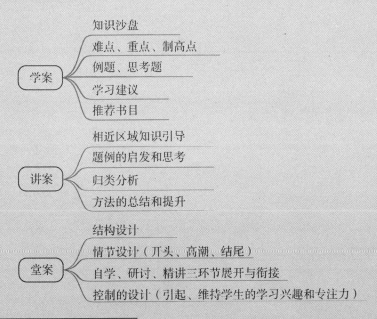

---

[1] 蒙太奇：电影用语，有剪辑和组合的意思。也是电影导演的重要表现方法之一，即为表现影片的主题，将一串相对独立的镜头组织起来，构成一个完整的意境。

三、课堂面貌

杜威先生说过这样一段话："西方的人对于人心有两种很怪的观念：①把人心当作一个袋子，中间是空的，可以拿些东西装进去；②把人心看作白蜡白纸一样，想做成什么就像什么，要染上什么颜色就变成什么颜色。"这里表达的不仅是一种课堂观，更是教师建立课堂关系必须秉承的态度，当教师缺少了对学生的尊重，把自己当作学生眼里的知识化身时，就成了破坏主体与主导关系的居高临下的角色。由此看来，课堂面貌的繁荣不是好看和热闹，也不是扣人心弦的独角戏，而是学习氛围的平静，是学习者的入心，是真正能各抒己见的沟通和互动。当课堂变教导为指导了，学生才成为主体，教师才成为主导，课堂才会真正繁荣起来。

课堂、教材和考试

　　课堂、教材和考试是系于学校师生心中的三件大事，三者及其关系构成了学校活动的主要内容，其不仅决定着学校文化的面貌和教育的价值，也深刻影响着师生的情感、心理和精神发展。

　　科举制度以来，从私塾到学堂，无不是考试围绕着教材，课堂围绕着考试的。教材决定着教学的过程和评价的标准。改革开放后的前十几年里，守纲（高考大纲）、守本（教材）是评价高考的重要原则。在这样的原则下，教材被学校奉为圭臬，教育活动和教学活动几乎归一为反复的练习、反复的考试、反复的讲解。于是建立在认知规律上的训练就走向了极端。课堂、教材和考试三者的关系举足轻重地影响着教育文化，当把教材放在了课堂和考试之上，学校只剩下认知规律的训练，缺少脑科学和心理科学的时候，应试教育就渐渐形成。

　　让教育从应试教育回归素质教育，就要在教师们的观念里，拨乱反正三者的关系。课堂、教材和考试，课堂是根本，要用课堂观建设教材观、课程观和考试观，从课堂的视角使用教材，用课堂的目标反过来评价考试，才能找到教材的真正价值，才能找到高考改革的方向。

本文拟从课堂与课程关系、课堂与教材关系、课堂中师生的角色与关系及课堂观出发，粗疏地谈点学校变革的一孔之见。

一、课堂与课程的关系

2001年，新世纪开元之年，教育部印发了《基础教育课程改革纲要（试行）》，《纲要》提出了基础教育课程改革的六项具体目标：

①改变课程功能。改变课程过于注重知识传授的倾向，强调形成积极主动的学习态度，使获得基础知识与基本技能的过程同时成为学会学习和形成正确价值观的过程。

②改变课程结构。改变课程结构过于强调学科本位、科目过多和缺乏整合的现状，整体设置九年一贯的课程门类和课时比例，设置综合课程，以适应不同地区和学生发展的需求，体现课程结构的均衡性、综合性和选择性。

③改变课程内容。改变课程内容"繁、难、偏、旧"和过于注重书本知识的现状，加强课程内容与学生生活以及现代社会科技发展的联系，关注学生的学习兴趣和经验，精选终身学习必备的基础知识和技能。

④改变课程实施。改变课程实施过于强调接受学习、死记硬背、机械训练的现状，倡导学生主动参与、乐于探究、勤于动手，培养学生搜集和处理信息的能力、获取新知识的能力、分析和解决问题的能力，以及交流与合作的能力。

⑤改变课程评价。改变课程评价过分强调甄别与选拔的功能，发挥评价促进学生发展，教师提高和改进教学实践的功能。

⑥改变课程管理。改变课程管理过于集中的状况，实行国家、地方、学校三级课程管理，增强课程对地方、学校及学生的适应性。

六项目标虽然相对各成体系，但又有难以切割的关联。课程功能的转变（第一项目标），乃是各项目标之纲。"课程实施"（第四项目标）应被视为课程改革的撬动支点，抓住了这个支点，课程改革就会"牵一发而动全身"，进而达成课程功能的转变。教育部基础教育课程教材发展中心副主任刘月霞指出，"长期以来，我们似乎更为重视上位的课程建设而忽视下位的课程实施"。她点出了课程实施在课程中的重要地位，指出了相当一段时间以来教育工作者的疏忽之处，强调了课堂改革在六项目标中发挥着强烈的带节奏作用。《基础教育课程改革纲要（试行）》颁布后，有一些学校进行了眼花缭乱的课程改革，纵观这些改革，可以归纳为两种类型：一种是课程结构改革或课堂内容改革，他们声称建立了庞大的选修课体系，有些自诩开发了几百门甚至上千门课程，大家心知肚明，这些"亮眼"的成绩其实只是停留在课程表上，并没有成为学生日常学习的有机内容。这种改革因为缺少课堂观念的转变和课堂活动的落实，对课程改革没有多大的推进作用。另一种课程改革倒是聚焦在课堂上且动静颇大，这种课堂改革虽然呈现了"自学、研讨"的新课堂环节，但在内行人看来，就像唱戏一样，只是穿上了相似的行头，剧情和唱功却少有新颖之处。看上去似乎认可了自学方式与合作学习方式，但这种自学和合作却是教师设计的学习问题和学习方向，缺少个体化的自主性。更让人不能苟同的是教师不仅管课堂（学习案），而且管课前（预习案）和课后（复习案），这种教师定江山的课堂观实质没有得到改变，甚至有变本加厉之嫌。这种课堂，实质是在"知识中心"的课堂观念之外，引入了"向管理要质量"的企业管理理念，教师对课堂的统治更加缜密，对学生学习自由度的约束更强。

课堂改革是课程改革的"牛鼻子"，课堂改革具有财政投入小、社会牵动面小的特点，不用调动或花费更多的社会资源和行政成本。虽然如此，它也有改变旧课堂观念难、建立新课堂观念难的特点。所以我们说课堂改革有着难以一蹴而就的长期性和动摇根深蒂固旧观念的艰巨性。

华东师范大学钟启泉教授说："课堂不变，教师不会变；教师不变，学校不会变——这就是学校改革的定律。"要以课堂为主战场，改变课堂中学生的学习方式和教师的课堂观，进而达到课程的变革和学校的变革，使应试教育走向素质教育，我们必须树立起这一观念。

二、课堂与教材的关系

当教育为满足人类发展需要开始成为人类社会活动的时候，培养什么人，教授什么内容，怎样培养，必然是教育需要且首先需要考虑的内容，这些也都是课堂观必须直面的问题。应该说教育一成为有意识的文化活动，就有了课堂观的萌芽，从这个意义上讲课堂观就是教育的出发点。

教材具有载体的作用，不同的教材犹如不同的载体，可以选择，也可以兼顾。当站在课堂的高度鸟瞰教材时，教材具有繁花似锦的宏大丰富性。教材用来表现课堂，但课堂不能囿于教材。当课堂成了教材知识性传授的时间和空间，课堂就自己贴上了应试教育的标签。

教材的设计要从课堂的三维观（知识、能力、价值观）出发，在知识维度上，应该尽量体现出在知识体系结构中的关键地位，在制高点、结点、开采点三点发力，发挥举一反三的触类旁通作用、登堂入室的曲径通幽作用、尽收眼底的统摄网格作用。在能力维度上，把思维品质的培养作为选编的视角，以增加教材的知识厚度。在价值观维度上，要注重教材的人文深度和精神力度，使教材有感人肺腑、润物无声、春风化雨的作用。

课堂上有知识的传承，例如名句、名篇的背诵等，这些知识的背后藏着智慧和精神。教材会因为课堂的不同而有不同的呈现，有的余音绕梁让人不忍离去，有的味同嚼蜡让人心不在焉。教材为课堂所用，因教师而异。

考试是课堂的评价而不是所使用教材的知识评价，课堂评价不能局限在特定的知识内容，课堂反映的知识深度是一定的，但知识的广度应表现出不确定性。有了这个原则，考试就会表现出知识的灵活性和思维的深刻性，课堂就会跳出"死记硬背""满堂灌""题海"的死潭。考试评价等同于了知识评价，死记硬背的导向偏差就难以避免。考试从守纲守本到守纲不守本不仅是考试原则的变化，也是应试教育向素质教育改变的转折点。应试教育是考试指挥课堂，素质教育是课堂指挥考试。

三、课堂中师生的角色和关系

课堂中的师生关系决定着课堂的生态。我们要描述的这种师生关系是：教师为主导，学生为主体。虽然这种定位已有数十年的时间，但不少的教育工作者对"主导"和"主体"还是混混沌沌的状态，根本原因是这种关系并没有在课堂上体现出来，师"主导"和生"主体"的角色还没有体验出来，这说明它不是一个简单的认知问题，而是一个通过实践才能改变观念的问题。一个传统课堂的教师不可能体会出"主导"的含义和边界，就如非教师职业的外行人一样，因为"隔行隔山"，即便有最好的词义解读也不会明了其中的微妙。有些学者和教师别出心裁地提出了两个"主体"的观点：教师是教的主体，学生是学的主体。把教学的体系一分为二。这种提法很不妥当，任何情况下的角色都是在一个互为体系的关系中定位的，关系构成了格局，格局造就了角色，离开了关系谈角色实为荒谬。俗话说"国无二主"，在教学关系中不应该有两个"主体"。

教师从旧课堂到新课堂，本质是从"主体"到"主导"的角色调整，这个角色调整不是责任的减小，也不是任务的减轻，甚至从某种意义上说"主导"赋予了教师更具挑战性的地位，"授人以渔"要比"授人以鱼"有更大的难度，"点到为止"要比"一吐为快"更有艺术性。

教师从"主体"到"主导"，也是课堂学习方式的调整，由讲授方式为主转变到以自学方式为主、合作学习和讲授学习为辅上来，这里的主辅关系是就学习中大脑活动和内化本质而言的，而不是拘泥一成不变的时间分配。它是"以学生为中心"和"以学习为中心"，是"不愤不启，不悱不发"，是"不学不教"。是否接受这种主辅关系是一种教学立场，没有教学立场的转变，没有基于这种立场下的"运用之妙，存乎一心"的历练，就不能完成从"主体"到"主导"的蜕变。

"主体"的学生和"主导"的教师关系是平等的、民主的、相辅相成的，没有权威和卑下之分，没有"主"和"次"之分，这种关系既有学术上的"先生"和"晚生"之谊，又有情感上的如父如子的亲密，两种意义完满的交织才能最大化地实现学业成绩的进步，有无数的案例证明了这一观点，这在童年、少年求学时期尤为明显。中小学教师若只和学生存在知识技能的教学关系，不仅使课堂干瘪成了单维的向度，使学生的情感和精神发展缺少滋养，而且使需要自信、目标、情绪、坚韧支持才能取得的学业成绩难有上佳表现。这个观点对于缺少学习心理研究的教师来讲，是难以料及的。

四、课堂观

课堂观既包含着教育观又包含着教学观，它是一个教师素养高下的集中表现。没有教育观只有教学观的教师，是缺少气象的教师，是人们常说的"教书匠"，这种教师在文化功利性的影响下，很容易变成搞应试教育的人。只有教育观没有教学观的教师，不能成为社会欢迎、学生爱戴的老师，借用"假大空"的词义，这是一种"真大空"。我们反对应试教育并不否认应试能力的培养，有学校就有考试，有考试就有应试能力，教育观是目标、是原则，教学观是载体、是方法。我们既反对学校把知识学习变为真切关注的唯一，又反对忽视知识学习的极端化行为。

　　社会主义国家的课堂讲教育观，其他制度国家的课堂也讲教育观，联合国教科文组织在1986年提出了教育的四大目标：学会求知，学会做事，学会合作，学会生存与发展。"四个学会"具有教育的普世价值，它不能作为空洞的说教，它应该成为学校所有活动尤其是课堂活动身体力行的使命，要把"四个学会"在不同学科教学的课堂上，自然而然地通过言谈话语、举手投足、字里行间糅合在不同的知识场景里。"四个学会"中有不同的解读内容，例如社会主义核心价值观就应该视为中华民族和个人生存与发展的必须。还有"四个自信"（道路自信、理论自信、制度自信、文化自信）等都是我们国家教育观中的重要内容。

　　教育观是通过教学观而实现的。教学观不能理解为知识观，知识是相对固定的，但教学活动却各有各的不同，它包含了师生的自动、互动，这些自动和互动因为人的不同、因为场景的不同、因为即时的情感不同、因为氛围的不同而有万千气象。所谓的教学观就是因为学习者存在着不同，而让自己努力避免消极的、负面的情况发生，促使积极的、正能量的效果产生，教学观既是一种原则的东西，又是一方艺术的天地。教学观越饱满，教学的艺术就越丰富，教学这个职业给教师带来的幸福感、充实感就越强烈。有饱满教学观的人，教师的职业单调感、倦怠感就不会发生。

　　从课堂出发，再走向教材和考试，我们期望的教育改革就会走过火热的夏季、凉爽淡然的秋季，一直走到素质教育的春天。

论"听课·评课"活动的作用和实施原则

对常见常做的事，人们一般会有两种态度：一是习以为常，当一天和尚撞一天钟，应付了事；一是苟日新日日新又日新，用打磨的功夫推陈出新。

"听课·评课"就是校园中最常有最普遍的活动，好学校有，一般学校、差学校也有。对好学校来说它是推动学校发展、优化师资水平的抓手。对其他学校而言，它却成了走过场的应景差事。许多校长把"听课·评课"视作唱戏的行头，而不是决定戏功的吊嗓，"听课·评课"于是成了摆设和点缀；有的校长把"听课·评课"定位在教师学科讲授技能的获得上；有的校长虽然晓得"听课·评课"在教师发展上的重要作用，但对如何设计、指导、组织"听课·评课"活动缺少经验。

"听课·评课"活动在当下尤为重要。这几年在均衡教育的政策背景下，学校之间在设施和其他硬件建设上已无多大差别，差别在于教师在课堂上所表现出的教育和教学水准，水准与教师的职前受教育背景及诸多因素相关，但仍然与教师教学过程中发生的学习和培训有相辅相成的关系，当"教中学、学中教、教中研、研中教"同步一体的时候，学校的发展、教师的发展才会有实在的、较快的提升。

"听课·评课"活动反映了教师的学科能力、教育研究能力和课堂的教育艺术能力，也反映了校长的教学领导力。而教学领导力决定着学校师资队伍的整体教学水平和学校的教风、校风。在督导检查中，文字材料可以造假，但"听课·评课"却似真金白银，难以作伪，即便课堂彩排了，评课预演了，也能在现场感受出优劣和高下来。

"听课·评课"活动一定要从学校教育理念入手，站在教师专业发展的高度，按照学校的发展规划，根据学校的师资和学生状况进行设计。譬如，作课者是年轻教师还是其他部分群体的教师或全体教师的代表？是示范课还是成长汇报课或某种范式的检查课？要把克服教师在课堂教学中普遍存在的短板，或是推动或实现一个课堂理念作为其中的设计目的。缺少明确的目的性，为听课而听课将会使"听课·评课"失去意义、磨钝教师研究课堂的积极性。

组织"听课·评课"活动要有动员会，要讲清活动的理念指向，提出活动的评价标准，组建活动的专家评委队伍，明确活动对专家、对教师的具体要求。"听课·评课"活动要有仪式感，这种仪式感对参与者会产生强烈的暗示作用，增强参与者的敬畏心理和积极情绪。

"听课·评课"活动之前要树立起好课堂的标准。

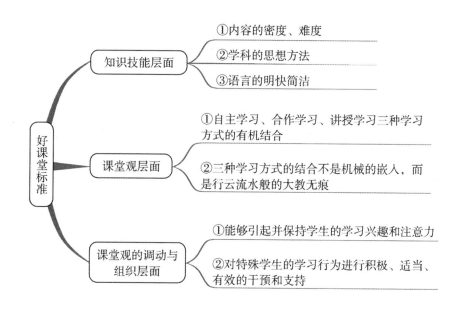

这三个层面意味着三把尺子，第一把尺子考验了作课教师的知识功底和传授能力，无论从学生的成长还是从知识的学习去讲，这都是一把重要的尺子。这把尺子是当下社会和家庭首位重视的尺子，它在很大程度上取决于教师职前大学时期的学科积淀，甚至教师在青少年时期的语言和思维发展状况。第二把尺子反映的是课堂观背后的教育观，传授的教学结果是"学富五车""汗牛充栋"，知识具有可测量性，能力很难量化，自主学习、合作学习着眼的就是思维品质的培养和学习能力的养成，许多人（包含许多校长和教师）都认为把学生的体音美甚至其他技能增加上去就是素质教育，乃是极其错误的解读，知识和技能（包含任何一种技能在内）的学习都不能和素质教育画等号，所以说第二把尺子测量的就是应试教育或者是素质教育。第三把尺子首先要立足于"有教无类"之道，其次是走进、干预、支持特殊学生学习行为的艺术。让特殊学生获得关注感、成就感、幸福感，是这种艺术的关键指标。

听课就要评课，评课过程轻描淡写地走过场，将会使"听课·评课"活动失去价值和意义。评课要对作课教师的课堂得失进行针砭式的评价，以使教师从囿于自我所限的篱笆中跳出来，甚至产生顿开茅塞的彻悟。学校一定要摒弃那种只美言不指弊的庸俗文化。在许多学校的评课过程中，经常会有挠不着痒处的发言，他们倒不是不敢说不愿说，而是说不出利弊得失，反映了在教学研究能力上的差距。评课过程将会改善这种差距。针对这种情况，学校层面要在评委的构成上确保有真正的专家参与其中，以保证能听到真知灼见。

"听课·评课"活动，校长要尽可能保证出席，并在评课过程中发表自己的观点和评价意见。不少校长因为纷纷杂杂的大小事务，常常缺席这项活动，这无疑是舍本逐末的错误做法。课堂文化是学校文化的主要组成部分，校长参与"听课·评课"活动对营造充满学术活力和积极向上的课堂文化起着至关重要的作用，教师的专业发展和学术气质也会极大地得益于"听课·评课"活动。许许多多的教师培训和继续教育活动常常让我们有空手而回的感觉，主要是因为内容离学校的实际较远，而"听课·评课"活动却发挥着"量身打造""对症下药"的效果。有质量的"听课·评课"活动因为紧贴教师的职业行为，刺激、满足了教师的发展需求而让教师有了"学以致用"的获得感。

高中实施新课程一年的思考

2008年秋季，河南省高中开始实施新课程方案，一年左右的时间，省市教育主管部门相继举行了专家报告会、岗前培训会、专家研讨会和样本校建设等，一些学校还组织了参观学习，表现了有关方面要大力推进的决心和工作力度。但不能不说的是，许多学校似乎有一种隔岸观火的感觉。新课程方案背景下的学校教学并没有出现新气象，绝大多数的学校，连最起码的课程结构都没发生任何实质性的变化。新中国成立六十年来，这是一次最具革命性的课程变化，它在教学目标、课程理念、课程结构、学习方式方面，都表现了崭新的思维。所以，这种局面也是预料中的事，它恰好说明了从"为高等学校输送合格人才"的课程观到"奠定基础学力，培养公民素养"的新课程观蜕变的艰巨性。面对历经半个多世纪、观念根深蒂固的旧有课程体系，以及习惯了传统思维模式和教学模式的教师队伍，随着推进的过程，这种艰巨性会在课程的开发和设置、课时规定的认同和落实、教材的理解和把握、教学的目标和策略等方面逐渐表现出来。一年回头看，我们在新课程推进中能发挥纲举目张作用的关键在哪里？阻碍实施的症结在哪里？解决矛盾的方法在哪里？本文想就此谈一些粗疏的观点。

一、课程结构是标志

新课程是教育理论和教育实践发展到一定阶段形成的推陈出新的产物。反对应试教育，提倡素质教育是催生新课程最早期的教育认知。这种教育认知的本质是改"书本知识的传授"为"学习能力的培养""公民的素质培养"的教育理念。改变高中课程结构，调整必修课程与选修课程的比重，增加高中课程的选择性，是国际高中课程结构改革的重要特征，也是新课程与旧课程的最明显的分水岭。当下我省各地高中的真实课程表里，很难看到课程结构的变化，不仅看不到那些与升学考试没有直接联系的选修课程、非学术性课程和职业性课程，就是高考科目中的选修模块也都变成了大一统的必修性内容。新课程是适应学生的课程，新课程追求的学生的个性化发展，是在课程的多样化、弹性化中找到机会的。没有了教学模块的多元化，没有了课程内容的选择性，新课程便失去了它的全部光彩，很难在旧的课程结构中去实现新课程的精神。

新课程的课程结构包含了三个方面。一是课程中的知识结构：新课程增强了科目间的融合知识、科技新发展的知识以及社会化的知识内容。二是知识的传递方式：新课程除了关注现代课堂理念指引下的课堂教学改革外，还有体验式的、合作式的、社会调查式的传递。最值得警惕的是当下流行的"新课程改革的主阵地在课堂"的提法。它抽换了新课程改革的主概念，把课程改革等同于了课程形态的改革，即传递方式的改革。课程形态的改革并不是在实施新课程之中才出现和被关注的。这种课堂观念的发展和探索始终存在于学校的教学之中，它是新课程的组成部分，不是新课程的标志。一谈新课程，就谈课堂教学革新的观点，是在回避新课程目前实施中的主要矛盾，即课程结构的第三个方面——必修与选修课程的比例结构。新课程的"新"首先体现在课程结构上，选修课增大了比重，使课程从"规范化""标准化"的窠臼中走向"多样化""弹性化"，所以我对不遗余力地举行新课程观摩教学的行为颇有异议。课堂教学形态既是过去进行时，又是现在进行时和将来进行时，是教育工作者永远谈论的话题，把新课程的思想和观点囿于"课堂主阵地"的人，一是对高中新课程的理解认识不到位，没有把新课程方案放在课程改革的国际大趋势中去把握。新课程是要建立"适应学习者的课程"体系，从而落实以学生为本的教育观，这个"适应学习者的课程"体系的特征就是多样化、自主化。二是旧课程和新课程在课堂教学的改革上有叠加的部分，旧课程和新课程在"课堂主阵地"的认知上，没有歧义。一说新课程，就喋喋不休地侈谈"课堂为主阵地"，是侈谈者的无知或畏难。接受新课程，首先就要接受新课程结构，就像加入基督教的洗礼一样，它是成为教会成员的条件和标志。一些地区和学校把推进新课程实施停留在课堂的观摩教学上，是踌躇不前的表现。走不出旧的课程结构的阴影，就永远走不到素质教育的阳光下。所以我说，贯彻新课程的第一步工作是打破旧的课程结构，让选修课真正成为课程构成的部分，真正走入高中的课程表。

新课程强调学分制管理，而学分制就是在现代学校教育选课制度的基础上建立起来的。学分不同于学科考试的成绩分数，成绩分数是用同一标准对科目学习情况的考量，学分是在尊重学生学习个性化、课程多样化的基础上对学生基本学力的考量。学分制度的建设和课堂教学的建设即课程形态建设都应放在新课程表真正实施之后。

最近，省政府召开了规范中小学办学行为推进素质教育的工作会议，批评了一些学校搞两套课表的做法。为解决推进新课程过程中存在的问题，提出了明确的要求，规定中小学校不得随意增减课程和课时，不得赶超教学进度和提前结束课程。这说明有关方面把握到课程结构在新课程实施中的重要性。认真地改变课程结构，将会使新课程出现突破性的进展。

二、解读课标是关键

新课程宣布实施之后，许多学校科目的周课时数并没有变化，甚至不少学校反而增加了周课时数。"新课程增加了教学内容和难度，加重了学生的学业负担"的说法甚嚣尘上。导致这种看法的主要原因是教育工作者把新课程的学习指导视作了旧课程的教学大纲。他们套用多年悉心指导升学的经验来面对新课程下的教学任务。"面面俱到""举一反三""步步为营""层层推进"，那种教学大纲指导下的严谨的教学习惯使他们自然而然地感受到了新课程下课堂教学深耕细作的多和难。他们缺少对新的课程的宏观教学把握。他们在用旧的科目知识中章、节、点的微观教学要求去盲人摸象。在这里，用应对高考命题的心态去决定选修的内容和教学设计，肯定会有捉襟见肘、不胜其"繁"之苦。"选"就是取舍之意。拿得起，放不下是不行的。选修不是对必修的简单补充，看成补充的话就会追求知识的圆满，追求万无一失，选修内容就会成为压垮教师、学生的大山。"选"是追求课程的个性化、科目的融汇化、知识的社会化。怎样把选修课选好是驾驭新课程的一个重要课题。

科目中的模块设置是新课程的崭新之处，模块设置为教师提供了用武之地，在模块中教师和学生可以进行对课程的二次开发。在新课程下，教师水平的优劣更多体现在"选"和对模块的二次开发上，要提高教师的新课程教学水平，就要在解读课标上下功夫，解读课标可以通过说课、观摩的形式。郑州市把解读课标作为推进新课程的重要手段无疑是正确的。通过解读课标，从微观上一步步理解新课程，从而为降低必修周课时数、减小选修课程真正进入课表的难度和阻力发挥了积极作用。解读课标的工作还要加大力度，把新课程的教师培训重点落实在解读课标上来，把校本教研的视野和重点转移到解读课标上来。

三、高考改革是魔棒

最近，各大媒体热炒了一阵高考是否分文理科的话题。其实新课程的成败，高考改革是决定因素。考生多，优秀高校少是将会存在相当长时间的国情。高中生的应试需求，高中教学的应试化趋向是理所当然的事实。如果存在即合理的话，想根绝这种需求，避免这种趋向是一厢情愿的很难实现的理想。过去有教学大纲和考纲，它是课程的单一化、教学的本本化、知识僵化的根源。新课程的模块设置，选修比重和范围的增加将会改变这一局面。新课程下的高考应该有新的思维。在高中生学习的知识领域内，不设纲而注重学力的考查内容，淡化知识的考查内容，让那些企图靠延长学时，加大作业负担而提高应试成绩的努力化为泡影，应该是命题的指导原则之一。要使高考题目的选拔功能和认真推进新课程的学校教育一致起来，2011年的高考是我省新课程实施的第一次高考。这次高考将会给教育者带来一次对新课程的重新审视。要通过高考，让一线的教育工作者建构起对新课程的宏观把握，找到必修课程和选修课程之间的平衡点，找到高中生获取基本知识和技能与个性化的学习之间的平衡点，悟出素质教育与应试的辩证关系，积累起新课程下的教学经验。关于新课程下的高考是否文理分科问题，用旧课程观去谈这个问题，就容易产生喋喋不休的争执。因为旧课程存在着追求高考目标与开设各种课程争夺时间的矛盾，这种矛盾曾想通过高中毕业会考发挥约束作用，但学校管理者单纯的升学追求，使毕业会考成为一种有名无实的形式。实质上，文理是否分科的争执就是高考科目和非高考科目在学习时间分配上的争执。我认为要在新课程思想和新旧课程观的转换背景中思考这一问题。新课程和旧课程的区别在于，后者是重视知识传承的课程观，前者是培养学力的课程观；后者是统一化的课程观，前者是个性化的课程观；后者是以教为中心的课程观，前者是以学为中心的课程观。新课程的必修部分充分考虑了学生对八大学习领域的理解和掌握，并通过学分制得到了管理上的保证，在这里，学习上不分文理科，已不是问题。新课程的选修课程和模块化教学，满足了个性化的学习需求和发展需求，高考的选拔功能也应该充分关注到考生的个性化发展、培养目标的多元化及教学模块的多层次性，所以高考分文理科与新课程的追求个性化理念是一致的。

据悉，教育主管部门正在起草《国家中长期教育改革和发展规划纲要》，对高考改革提出了若干方案。相信这些方案的实施对新课程会发挥导向性的魔棒作用。

浅论课堂教学

一、从素质教育与应试教育看课堂教学

课堂教学变革的成功与失败、深刻与肤浅，对学校教育变革有着举足轻重的意义，这已经为持有各种教育理念和观点的人所共认。从20世纪的"精讲多练"，至时下流行的"向四十五分钟要效益"的"高效课堂"，诸多的课堂改革理念和模式，反映了教育工作者对课堂变革的诉求和探索。

课堂教学改革不等同于教育的改革。教育改革应有更广袤的含义，改革开放三十多年后，国民经济的规模、生产和生活方式的现代化、家庭单元结构的小型化、城市化进程、价值观的多元化，以及升学的空前压力等，使中国社会已经发生了翻天覆地的变化。社会上更多的家庭因为没有了让未成年人参与谋生和其他生产劳动的需要和必要，使学生亲身与社会各群体的交往深度和广度明显弱化。"穷人的孩子早当家"显示的社会化教育、生活教育以及由此带来的人生观、价值观、世界观教育愈加式微。我们的目的不是赞成回到物质匮乏、生活困难的时期，而是为了尽可能地在教育中增加艰苦奋斗的情景和感受，这是素质教育不可

忽视的内容。按说我们今天讲教育改革，更应该将视野扩大，更应该关注教育的社会性、实践性，但这些观点丝毫不减弱课堂教学变革在教育改革发展中的重要地位。因为教育处于社会中，各种客观现实、生产关系和利益决定着推动学校教育改革的着力点必须在那里，解决最大教育弊端的主攻方向应该在那里！虽然教育有许多当紧、艰巨的任务，但越来越多的务实的一线教育工作者深切地认识到学校本身教育改革最核心的问题是怎样将课堂教学的知识传递变为培养创新品质的过程。

我们这样说是基于这样一个认识：应试教育与素质教育最本质的差异是在课堂教学上。两种理念的课堂教学都谈讲与练，但前者是无度的，企图通过无度的讲练加强学生的知识感受强度和经验。两者都谈知识的传承，但前者几乎是以接受知识、培育技能为唯一目的的；后者则强调培养学生用发现、探索的学习体验，锻炼出思维的品质和求异求新的能力，注重学生的整体协调发展、近期与终生发展。

素质教育中也应该讲应试能力的培养，因为只要高考的选拔功能存在，应试技巧和方法的训练就应该是教学中一个不可或缺的组成部分。但把应试技巧和方法作为教学的全部，把教学作为教育的全部，就成了害莫大焉的应试教育。目前，一些现象不能不让人忧心忡忡：学生没有把学问作为"齐家治国平天下"的人生追求，而将其视为攫取功利的工具，创新品质培养的钝化、教师趋向匠人化的沉沦、教师职业精神的萎缩、学校对民族和人类的优化功能的减弱等，虽然不能完全归咎于课堂教学的沦落，但让校长和教师们认识课堂教学的弊失，解决课堂教学中知识唯一化倾向，通过探索建立正确的课堂范式，确是刻不容缓的任务。

课堂教学的变革最紧要的是解决好教学中教师为主导、学生为主体的角色定位问题。主导和主体我们已经喊了许多年，问题不在于承不承认这一角色区分，而是如何在课堂教学的过程中，拿捏好这个分寸。我们看到现在相当多的学校，尤其是城镇农村中小学教师仍在大密度地增加讲授内容，王权般地统治着课堂，这就是课堂教学的现状。

撤开非智力因素的影响，单就知识的传授而言，灌输式的讲授课堂确实增加了学生积累的知识容量，并加强了学生再现这些知识的能力。所以，很多学校不顾教育的宗旨和使命，为了满足市场化的需要和学校、个人的生存资本（应试成绩）而坚持着这种课堂教学形式。殊不知，学生的学业学习同样存在着"中药配伍作用"的法则。"满堂灌"给学生带来的厌学和疲惫，产生着不知不觉的边际效应。讲授时间在课堂教学中过长带来的知识积累优势是显性的，而非智力因素造成的边际效应却是隐性的。正因为难以找到一个明确的测量工具，"满堂灌"的得不偿失才不易被校长和教师们意识到。"满堂灌"使知识失去了诱人的光彩和精神的温暖，增加了知识的枯燥感，无疑滞缓了知识的积累速度或弱化了知识的内化功能。应试一旦成了课堂教学的唯一目标，课堂教学就丧失了追求至善人格的文化元素，丧失了育人功能。

虽然一些专家和一些学校在进行着"有效课堂"的课堂教学实验，这种实验力图使教师拿出最佳的工作状态，设计出最佳的教学流程，发挥出最佳教学水平，使学生树立坚定、正确的学习动机，拥有饱满的学习热情，选择出优化的学习方法，让课堂效益达到最大化。这种实验的许多长处虽然会对课堂教学大有裨益，但这种实验标本的效能参数一旦回到常态化，回到非课题实验组的普通教师队伍环境中，将会大失水准。这种衰减具有普遍性和绝对性，并且，"有效"二字也值得推敲，是近效还是远效？是可测量的效，还是难以有效测量的效？受人群复杂性的影响，这种社科性的实验要比自然科学实验呈现出更多的衰减性。

课堂教学的变革具有艰难性、长期性的特点，作为课堂变革的领导者，谨记求变心切的草率变革：对自己学校的发展特殊性缺少真切的把握，教师队伍缺少改革力量的准备，幻想着聘请专家就可以改天换地。我们目睹耳闻了许多个案例，无精兵强将的学校，课堂教学改革看起来热热闹闹，但事实上却是"课堂教学秀"。在这种课堂上，经常见到的是统治讲台的教师走了下来，取而代之的是学生，学生讲，学生表演。这就彰显了学生的主体地位了吗？非也！这种课堂改革弊大于利。第一，少数学生站上了讲台，绝大多数的学生还坐在下面，他们仍然是通过讲解传授完成传递知识的过程。第二，如果用一个缺少教学经验的"学生"做"先生"，传授的低效是可想而知的。这种课堂变革只能是一种课堂闹剧，对于走上讲台的学生来讲，将会增加学习的负担。因为一个学生长期这么做毕竟力不从心，即便不断变换学生，这样的教学关系实质还是教而学之的关系。

二、课堂教学变革是教与学关系的变革

课堂教学的变革主要是教与学关系的变革，教与学的关系要处理好以下问题：①教者与国家的关系。即不仅要执行国家的教学大纲和教学任务，还要考虑到教学对象的群体特殊性。譬如学生的认知智力、情绪智力等。②教与学的关系，即主导与主体的角色关系。主体在教与学的整个过程里必须充分显示出三个特征：一是学习态度的主动性。即用探索发现的精神寻觅获取知识的路径和目标。二是学习过程的选择性。即在学习时间的分配上、学习资源的利用上、学习方法的选择上、学习方向的取舍上，在一定范围内享有决定的权利。三是学习思维品质的生长性。即从学习过程的一开始至结束就不应该是单纯的知识积累过程，而是思维的"习得、体验、反思、建构、层层递进"的创新过程，主导在教与学的整个过程里也必须充分显示出以下两个特征：①对主体生命的尊重。课堂教学的过程应该是学生发育期心智的成长过程。就像身体具有独特的生长机能一样，心智系统本身也有自己加工吸收、转化的机能。教师如厨师，只需要提供可口诱人、营养全面的美味。吃成胖子或吃得依然清瘦，那是食客的食欲和消化能力，你都必须尊重。②充分发挥"导"的角色作用。按照波普尔"科学始于问题"的观点，"任何学术研究都是

对问题的研究，没有问题也就没有学术研究"。怎样让学生在学习开始的"习得体验"阶段中，感知到问题所在，是主导的角色责任之一。怎样让学生在"反思、建构"学习的中后阶段找到解决问题的路径和方法，构筑成个体自己的知识体系，是主导的角色责任之二。从感知问题到解决问题，教师主导角色最难拿捏的是"等待"和"点拨"的时机选择。点拨早了，主导就失之于越俎代庖；等待久了，主导就有该为不为之错。正是在这里，产生了教学艺术，还正是在这里，发生了课堂改革的迷失，我们在一些课堂教学改革的案例中，时常看到一些"课堂秀"：学生讲课、学生讨论，大秀学生主宰课堂的印象，反而缺失了引导学生发现问题、帮助学生解决问题的主导作用。课堂教学是有目标和任务的：一味地让学生保持学习的轻松之感不仅使学生不能完成应该完成的学习任务，还影响了学生意志品质和个体人格成长进程。一个好的课堂不是简单地让学生去站讲台，而是让学生学会发现和思考问题，不是一味地让学生在学习过程中永远轻松，而是让学生在问题面前敢于面对，并在问题的解决中体会到征服的快乐。

三、"讲什么"与"怎样学"

解决"讲什么"这个问题，首先要把它放在"教师什么样的教学才算是教育"这个层面上。知识不等同于文化，教学也不等同于教育。知识是外部世界在内心世界的观照，某种意义上讲是客观的、自然的。文化是知识内化到灵魂的形而上的东西，是价值观、世界观、人生观。文化是"播种之后从土地里生长出来的"。

"讲什么"是区别教书匠和教师的试金石，传授专门知识和技能是匠，教而化之是师，虽然也可把知识视为文化范畴，但从品位上讲，下者视为匠，上者方成师。孔子德高，才会"名师出高徒"，育七十二贤弟子。当知识的接受过程与文化的提升、视野的扩展、思维的优化过程融为一体的时候，课堂教学中就表现出一叶知秋的特征，展现了教学的整体性。当知识的接受过程呈现的仅是从少至多的积累，教学就表现出了"一叶障目，不见泰山"的特征，教学就显出支离破碎性。把知识开掘到思维层面和应有的精神深度，既是教师文化功力的表现，也是教师二次开发教材的创造过程。教材主要提供了知识体系和教学要求，"讲什么"却是"运用之妙存乎一心"。二次开发教材是教师把教学转变为教育的充满智慧的艺术过程，必须树立正确的教材观。在教育随着社会的发展变得非常制度化的今天，课堂教学的内在价值已经变得离我们愈来愈远。教材的统一性虽然存在着难以改变的理由，但它对课堂教学的文化内涵起到的限制作用确是事实。所以要做到心中有教材却无约束，心中无教材却不天马行空。在这里，知识是泡菜，文化是泡菜水，让知识充分浸润着文化味道的课堂教学是变革的追求。大家在谈二次教材开发，因为第一次教材的开发主要着眼于知识边界和布局，而教材第二次开发才着眼于知识中变化的内质和味感。所谓三维课堂目标即是课堂教学的文化指标。

课堂教学最当急解决的是"教师讲什么"，教师应该有所讲有所不讲：①学生认知能力范围内的知识不讲；②留给学生感知问题的知识不讲；③留给学生反思的问题不讲或点到为止。讲什么呢？不是说引而不发吗？①讲为引而发的知识；②讲破解问题的知识；③讲举一反三、触类旁通的知识。学生应该怎样学呢？①认知能力范围内的向书本学；②想不出问题解决办法的向老师、同学学；③先自己学，再合作学。既学学科内的知识，还要学影响生命态度的文化。

"讲什么"需要教师在长期教学活动中细细体会和把握，才能使主导的角色不越位、不缺位。怎样让学生知道"学什么"也是教师主导的角色责任。撰写循循善诱的《学习指导书》，建立成熟的课堂流程，布局学生自学的场势，制造发现问题和解决问题的情景，设计刺激学习应有的亢奋情绪的语言等。我们提培养创新型人才，就要先明白创新型人才的生成机制。培养中小学生的良好治学习惯是生成机制的核心，而课堂教学就是学生治学习惯的最直接最重要的孵化器。

"教学"一词"教"在前、"学"在后，这个词的组成如实地反映了现在课堂的现状：无论是彻头彻尾地一讲到底的传授式，还是把"学生"当"先生"的许多课堂秀。课堂教学变革的重要使命就是把它颠倒过来，让"学"在前、"教"在后，这不是两个环节的简单移换，而是培养学生自主精神的养成过程的关键。"教"在前，教学就不可能不呈封闭性，含有某种有逻辑的"圈套"。按照涉身认知理论，涉身是认知的必要条件。"学"在"教"之前，学生就会依据自己特有的身心发展特点，按照自己特有的思维机制运行，呈现一种特有的认知情境。有了"学"在前，教师才能把握哪里讲哪里不讲，哪里留给学生感知问题，哪里引而不发，哪里帮助学生闯隘夺关。有人将目前的课堂教学称为碎片化教学，教师将知识体系折成一个一个简单的部分然后研碎，将它变成最小的知识单位。这颇像过去母亲咀嚼馒头喂养婴儿。从消化吸收的角度看是好了，但却破坏了整体的感觉以及主体意识的形成。真正做到了"学"在前、"教"在后，才有主体和主导的角色的正本清源。在"'教'在前"的课堂中，学生的主体精神培养永远是一个神话，课堂教学变革的标志并不是教师走下了讲台，也不是学生的话语时间占了多大的比重，而是在于学生的"学"是否在"教"之前，而不仅仅是在"教"之中、"教"之尾；在于"学"不仅是知识的传递，而是发现问题、感知问题、解决问题，进而形成方法和思想。教育是由教与学双方主体间共享、共同建构的世界，它具有人的自我建构，自己能够把握发展规律的意义。

中学生自主意识还未唤醒，自主能力正在提升，自主精神尚待孕育，他们对读书还没有养成嗜好，他们安排学习的规划能力还很淡薄。课堂中教师的主导作用颇像导演，是说戏的作用，学生的主体作用就体现在他是演员，是在自己体验、自己发挥、自己揣摩、自己修正。"学"在前，加速了自主意识的唤醒、自主能力的提升、自主精神的孕育进程。

四、课堂教学变革的困难和主要任务

课堂教学变革的主要任务是什么？是从课堂的流程、课堂的开放形式、主导作用的分寸到主体精神的成长，在这之上任何探索和模式都要凸现出一个关键词——"自主"。一些课堂其实还是木偶剧，虽然课堂演出的镜头给了学生，但实质是有一条线在操纵着他们。当下流传着一句调侃："素质教育喊得轰轰烈烈，应试教育搞得扎扎实实。"说和做为什么不一致？不是校长和教师们不愿意，是上大学、上好大学的强烈社会需求，形成了一把无情的评价尺子。虽然应试教育增大了教师们的心理和工作压力，但他们更关心市场化中生存的利益。虽然素质教育也不降低应试成绩，但有一个充分条件：需要一个好的学校文化、一个高素质的教师队伍。一个好学校，实质上是有着好校长和好教师的学校。

课堂教学变革存在着如下困难：

第一，社会家庭对升学的功利化追求，成了课堂教学变革的最大难点。它使高考制度的变革步履蹒跚。课堂教学变革缺少一个办学体制变革的支持。

第二，学校愈益行政化的现状，使学校愈益背离教育的价值。学校可以没有围墙，但必须和社会有距离。从某种意义上说：学校社会化远远不够，学生除了知识的感受外，严重缺少社会生活的阅历和体验。但从另一种意义上讲，学校的社会化走得太远。价值尺度、语言作派、喜怒好恶愈益趋同。校长和官员、教师和百姓，愈来愈难以区分。教育的行政化使教育深陷于一个名利场中。行业之间有千差万异，但总有一种共同的管理价值存在。但学校却是另类。把学校作为普通的社会单位去管理，可能是未来教育的最大危险。学校和社会在精神和文化意义上存在的差异，才使教育对社会产生着匡正、引导作用。"人类的未来在

教育"注脚即在于此。学校与社会的同质化，教育的神圣和纯洁将会被亵渎，课堂教学的变革将成为无源之水。

第三，课堂教学变革需要更多的领袖人物，凡是课堂教学变革风生水起的地方，都有若干个领袖人物领着一群人在那里"闹革命"。凡是仅凭着请来几位专家"传播革命"的地方，都是"人去楼空"，来时热闹，走时寂静。这叫缺少课堂教学变革的社会基础。当专家的层面与教师群体的层面相差明显距离时，对接和沟通是不可能的。推动哪里的课堂教学变革，就要先在哪里培养呼风唤雨的领袖。课堂教学变革套用一个流行的词句：学校教师队伍是主体、专家是主导。没有学校的自主革命，课堂教学变革是难以成功的。

生涯规划是教育的使命

一、生涯规划是素质教育的有机组成部分

谈生涯规划还得回到素质教育这个台面上来。人在婴幼儿时期的发展，青少年时期的发展，社会化后的前期发展、后期发展乃至终其一生的发展，都在教育的视野范围内。当然，这里说的是素质教育，应试教育是不考虑这些的，应试教育是考试文化。它的目标是考试成功。但考试外的东西，譬如情感能力、领导能力、公民素养、创造能力等，都是它无暇顾及的东西，更谈不上是关注、谋划的重点。从这个意义上来说，生涯规划理所当然地成了素质教育的责任和使命。

素质教育一要考虑人的全域发展，二要考虑人的终身发展或者说是人的可持续性发展。而人的全域发展又是人可持续发展的前提和基础。如果我们把受教育者的全域发展和可持续发展作为生涯规划教育的两个着眼点，那么生涯规划就是素质教育的子命题。其实在人类的早期教育中，生涯规划就是教育的宗旨之一，西周时期的六艺不就说明了这一点吗？但是读书人多了，有了强烈竞争；社会分工细了，有了粗雅之别；职业收入有了悬殊，有

了贵贱之分；科举制度诞生，有了官民之道；教育才开始了异化。人们的目光开始短浅了，只想抢先头班车来搭乘；人们的视野开始狭窄了，只想在考卷上争出输赢。应试教育就是在人们功利化的需求下应运而生的！

前几天在微信圈里看到一篇文章，这篇文章的标题是"把学生当女婿和媳妇培养"。说的是同事给女教师的女儿提了门亲，男方当年是女教师的一位成绩优异的学生，后来考入985学校。按说这样一位曾经让女教师垂青的学生做东床快婿应该没问题吧，但女教师投了反对票，她认为这名学生少情趣、缺情商。这篇文章很有趣，它既表现了女教师对素质教育和应试教育的清醒，又表现了教育行为中的无奈。看来女教师心里有两把尺子：一把是考试教育的尺子，另一把是素质教育的尺子。教学生要的是应试能力，选女婿要的是素质，在考试至上的教育文化中，女教师只能把学生当作考生而不是女婿，规划在自己的教育蓝图中！

二、生涯规划的前提和基础——课堂改革与全域发展

生涯规划的目的是解决学生社会化以后的发展和幸福问题。但生涯规划的着眼点是学生社会化之前的学校教育，虽然在社会化之后随着环境的改变和社会的发展，个人还要对规划进行调整甚至是重新规划，但他进行再规划的眼光和能力却是青年求学时期积淀而成的。怎样让学生在高中时期对未来的发展有一个并不混沌的瞻望，对当下有一个较为清醒的学习选择，是对素质教育提出的任务。这里出现的问题不是广大家长和教育者反对学生的全域发展，而是他们认为全域发展导致学生精力分散，若考大学这个头班车搭不上，以后不管什么样的目的地，谈抵达都是天方夜谭。所以，我们要帮他们搞清楚以下问题：①全域发展是分散精力还是相辅相成？②怎样让家长认同全域发展且对其有信心？

我们首先从时间上说，人的全域发展比单向发展在时间分配上肯定发生了分散。正因为如此，才导致了许多人把应试唯一化。殊不知，人的各项活动既有分占时间之争拗，又有着相辅相成之融合。人不是机器，单一的活动会造成人的疲惫和厌倦感，它不仅让这种活动的效率大大降低，而且对人的智力活跃度产生很大的窒息作用。提高单位时间效率不仅弥补了时间分散造成的亏损，而且带来了学习过程中可以过关斩将的创造灵感。各种感官的活动，它们之间不仅发挥着调节配伍作用，而且还有互相刺激强化的力量。运动生理专家就说，体育活动不仅强健人的体魄、恢复人的精力，还可以使人产生快乐物质，让人心情愉悦。心理学家让人在情绪低落时进行跑步或其他一些运动，也佐证了这个道理。全域发展要在满足完成学业任务的前提下，精简学习时间。郑州一中几年来创造了主体课堂模式，提升了自主学习的能力。这种自主学习能力不仅为以后的人生阶段提供了规划的魄力和能力，也为其他方面的发展提供了时间。课堂改革给学生让出了周末和假期，也为学生让出了高考前的一个月时间。几年来的高考成绩支持了这种课堂改革。

实现全域发展就必须进行课堂改革。因为课堂改革不仅给全域发展提供了时间上的可能性，也为社会大众的功利性心理提供了转变的动力。所以将课堂改革作为生涯规划教育的起点，就是要从基础上解决问题而不是追求一种教育时尚。

三、最大的社会化是生涯规划教育的重要内容

在基础教育阶段，让学生实现最大的社会化是生涯教育最重要的设计思想，社会化越尽可能地充分，学生对未来的选择和规划越清晰。这对于早期发展、动机确立意义重大。最大的社会化不是完全的社会化，杜威先生"教育即生活"的观点即是社会化极端的表现。学校和社会要尽可能地近距离，但不能是零距离。距离远了，学校和社会就产生了隔膜，就会有"书生造反，十年不成"的教育流弊；没有距离，教育就会庸俗化，失去了教育对社会的引领作用、监督作用、改造作用。现在的应试教育走向了极端，一个地方名校的教室内的标语："做一题，懂一题，题题改变命运；提一分，高一分，分分都是命根。"说明考试文化充

斥着学校。知识上的学霸多了，生活上的侏儒也多了。学生四体不勤、五谷不分，简单的自我生活料理不会了，学生之间共处的生活能力丧失了，社交障碍成了一代学生的性格缺失。这些走不出书本的学生，怎么谈得上生涯发展呢？不知从什么时候起，"矫枉必须过正"成了很多中国人信奉的一条真理。一个极端代替另一个极端的"过正"，后果会被固化，会使社会发展出现钟摆式的动荡。拿出一些时间，增加一些社会活动、参加一些社会劳动、进行一些社会实践，把它嵌入我们的教育制度里并固化起来，应该是中小学生涯规划教育的重要内容。

四、生涯规划教育的方向

人要有所建树应该具备四个特质：一是优越感，二是忧患意识，三是自制力，四是吃苦和进取精神。有了这些特质，没有目标可以树立目标，有了目标可以实现目标。不具备这些特质，可能没有人生目标，即便有目标也会难以实现。所以中小学里生涯规划教育重点一是要在教育的全过程中，培养可以驾驭生命发展、可以实现生命飞跃的特质；二是通过社会化过程培养学生思考关于未来职业和事业的方向。哈佛大学阿列·博克教授有一项"格兰特研究"，选择了268名哈佛的本科生作为研究对象，追踪了他们从青少年到人生终结的情况，发现真正能帮助人生繁盛的是不酗酒、不吸烟、童年被爱、共情能力高等，这说明生涯规划并不是简单的、早期的职业准备和选择，和这些相比，培养以上特质和必要的社会化显得更重要。未来几年内，城市中小学的教育对象还多是独生子女，这一代人身体、心理健康，但缺乏忍耐力和吃苦精神，特别是在"享受诗意的人生和幸福"几乎成了时代追求的背景下，忧患意识和吃苦精神更应该成为对这一代人进行生涯规划教育的重中之重。

进行生涯规划教育首先要求教育者清楚生涯规划的内容以及在教育中的位置和关系。这几年我们提出的口号太多，下面的跟风很快，敷衍塞责很普遍。生涯规划教育极易被很多学校变成增设几门课程的简单处理，这些课程会和不少名校炫耀的选修课体系的命运一样，半死不活地挂在课程表上，那样的话我们的生涯规划教育就会流于形式。我们应该积极进行课堂改革及课程重整，实现全域发展，推动学校的最大社会化，这才是生涯规划教育的正确方向。

自习课堂建设三论

现代学校大抵有四种课堂形态。一是"讲堂"，在这种课堂上，教师对学生的学习发挥着引领、解惑的主导作用。必须指出：这种主导作用的过度强化正逐渐使学生的主动性和探究精神丧失殆尽。二是技能课堂，例如实验课、器乐课、劳技课等均在此列。三是实践性课堂，这种课堂突出开放性和社会性，例如"研究性学习"。第四种课堂就是本文标题中的自习课堂。在许多家长甚至众多教师心中，自习似乎只是"讲堂"的课间转换时间，是学生做做作业、恢复一下精力的"补白"时间。其实自习课堂是培育主体意识、主体责任和主体能力的最为举足轻重的课堂形态，是名副其实的"学堂"。

一、自习课堂的重要性

自习课堂上，做作业仅是学生的一项学习任务。在这段宝贵的时间里，还要整理课堂笔记；要对原先学过的、刚刚学过的内容进行反刍，梳理归类；要修补薄弱章节；要预习即将学习的下一课知识；要查阅资料，追本求源，以达到融会贯通。除了这些，还有没有？九年的义务教育，有些同学已经适应了填鸭式的教学，丧失了觅食的能力。对他来讲，没有了作业，就没有了学习任务。还有的同学厌烦了读书，对堆积如山的作业干脆采取了放弃的态度，去聊天、听音乐、天马行空地回想让他兴奋的球赛、街舞表演和明星们……所以，校正不良习惯、强化学习定力、优化意志品质成了自习课堂的重要任务。讲堂和学堂虽然时常你中有我、我中有你，但还是分别凸显出"传授"和"自主"的不同特征。两种课堂形态有互补作用，没有讲堂，学生可能会迷失学习的方向，找不到正确的学习方法；没有学堂，知识就难以内化为能力，思维品质就得不到发展。不知研究教育的专家和学校的教育工作者是否注意到：当正常的教育变为应试教育时，课程表上高考主科目的周课时远远超出了教育部的规定，自习课堂所剩无几或索性消失不见。"讲堂"和"学堂"的此长彼消，乃是素质教育最值得关注的研究现象。

有时我想，中国基础教育之所以陷在"应试教育"的泥淖中，除了优秀的高等教育资源稀少、就业紧张之外，跟中国文化传统的认知不无关系。在"知"和"行"上，中国人是重"知"轻"行"的，在教育的日常生活中，我们时时可以直接或间接地感受到中国积淀的传统文化的认知对教育重"学"轻"习"的影响。有人一针见血地指出，当下是"素质教育喊得轰轰烈烈，应试教育搞得扎扎实实"。为什么呢？是素质教育不好吗？不，是因为许多教育工作者心里认定了一个理：想考得好就要"知"得多，欲知得多，就必须"讲"得多。在这样一个认知下，学校为了满足和迎合强烈的社会需求和社会评价，很难不把应试教学变成教育的唯一。素质教育的步履维艰，实质上是缺少对"讲堂"和"学堂"的真知灼见。

曾经有一段时间，中小学有"精讲多练"的说法，"练"就是学习中"行"的功夫，而自习课堂，就是"练"的专门场所。"灌输"虽然不失为知识传承的一种方法，但不是唯一，也不是最好的方法。打个比方，医生为病人注射静脉营养液，虽然来得直接和快捷，但却不能让生命享受自由和强壮；走胃肠消化吸收的正道，慢是慢了些，但人的整体内分泌能力就保持了均衡发展。这种系统性的和谐发展就是生命力的发展。保证学生在自习课堂中"练"的时间，学生才会对知识有更多的感知，才会打开更多的思考之门，才会发现更多解决问题的路径（哪怕是羊肠小道）。学生的思维品质便在自习课堂或其他独立思考方式中锻造而成。

北京大学教授陈平原在一篇文章中讲道："课程学习很重要，但因其'身不由己'，故印象不深，反而是那些漫无边际的课外阅读，容易有刻骨铭心的体会。"陈先生说的身不由己的课程，当是指"讲堂"。读书学习是需要有自由度的，宽松是学生产生兴趣、创造灵感的充要条件。不给一点喘息的自由，不给一点独立的时空，让课业和作业成了如影随形的负担，厌学的情绪不就自然而然产生了吗？学生在自由地选择读书内容、读书策略时，虽然找到的未必都是事半功倍的捷径，但正是它的"曲"，才有了"曲径通幽"的读书快感。

学业成绩的好坏，很大程度上取决于意志品质和学习习惯。学习成绩优秀的人，大都具有坚毅的意志品质和良好的学习习惯。这虽然为教育工作者所公认，但一旦面对学习有困难的学生，总不自觉地从学习理想和是否刻苦努力上找原因，从补课和加大作业量上找出路，忘记了意志品质和习惯这个最根本的症结。细想一下，这是最不用心的教育下意识行为。如何找到培育意志品质和改善学习习惯之路？自习课堂建设是一个平台。如若我们的自习课堂，把"培养与自己相处""独思时间、独处空间"作为建设的目标，不就实现了清华原校长梅贻琦先生所说的"人生莫非学问也，能自作观察、欣赏、沉思、体会者，斯得之"？

有句话叫"孜孜不倦"。我理解这里的"不倦"指的是不厌倦而不是不疲倦。学业成绩好的人，学习的耐力长，不容易疲倦。学习的耐力和不改初衷的执着是学习意志品质的表现，具备良好意志品质的人才会焚膏继晷，废寝忘食。其实很多学生学业成绩不理想，输就输在了这上面。而一些教师和家长却开错了方剂，把希望放在强迫学习和增加作业上，结果事与愿违。

如果说学生对外部知识的敏感程度和接受能力由一个先天的"精神胚胎"决定的话，那么意志品质的坚如磐石，则更依赖于后天的修炼和环境影响。自习课堂应该有纪律的约束和他人的监督，但还不够，它还应该是起到浸润和教化作用的氛围和心理场。这种场效应介于纪律的强制和自律的意识之间，对转化起着催化剂的作用，对每一个学习个体，都有极强的取向力。

二、自习课堂上教师的任务

学生在讲授课堂上接受知识，达到领会和理解，这时的思维活动虽然也饱含着主动的成分，但从自由的维度上讲，它基本上是在循着教师引导的路径和教师布局的氛围中活动。若取消自习学堂，把不会自己学习的人都赶到讲堂接受教师的传授，切断了孩子养成优良学习习惯的生长过程，实在是大错特错！因为义务教育阶段许多学校实行了应试教育的教学模式，学生自主能力的成长已经滞后延缓。所以改善注意力品质，开发自主能力，强化管控自己的意志力，更成了高中学生的身心发展之必需、提高学业成绩之关键。盲目地增加知识信息量和延长教师的讲授时间，是相当多的企图提高应试水平的人的救命法宝。于是学校的教育工作者蚕食自习课堂，家长们在周末假期挤压学生的生活空间。不能否认，课时增多在一定范围内和一定条件下可以使学业水平得以提升，但这里也有一个边际效应，当被动的学习时间超出一个量值时，疲劳会造成不可逆转的厌倦和麻木。而开发自习、深耕自习乃是保护和恢复学生学习欲望的有效方剂。

自习课意味着教师不安排指向性或规定性的学习任务，学生自主地选择学习内容和学习方式。但教师在自习的不同阶段发挥监督、解惑和导引作用，却是自习课堂建设中不可或缺的因素。因为许多学生的小学、初中阶段，自习课堂处于取消或放任自流的状况，仅把自习当成写作业的时间。作业是教学者根据自己的教学经验预设的。对于不同的学习个体，缺少面面俱到的针对性，是班级教学模式的天然不足，所以我建议：

①当学生成为我们的新生时，班主任和教师要不厌其烦地对学生做出指导，让他们知道自习课堂的重要意义和自习课堂的"读、做、研、思"的学习任务。

②制定出自习课堂纪律，纪律约束能否有效，需要班主任和教师坚持不懈地发挥监督和提醒作用。群体入静的心理基础是"从众心理"，有人监督下的纪律是营造这种从众心理的必要手段。从入静到入定，是从约束到习惯，从外化到内化的升华。学生在讲授课堂上受教师的监督和引导，容易控制自己的注意力。在自习课堂，因为少了教师这一外部的约束力量，学生的注意力强度将随着个体的意志和学习习惯表现出差异，一些受教育者和家长，甚至相当多的基础教育工作者，把这一差异当作取消自习的理由。殊不知，学生优劣的分化往往在意志力品质形成的时候就开始了。良好的学习意志品质需要教师利用自习课堂耐心、细致地长期培养。

③引导学生学会收心、集中注意力。就学生在自习课堂中出现的毛病和问题，及时和学生进行不同形式的交流，帮助其形成意志品质。教育家张伯苓有一句话："人生当如拉马车之马，左右两眼被蒙着，只许往前走，而前面又是走不完的路……"在自习课堂上，学生也需要被蒙上左右两眼，才能沿着学习的方向一直往前走。蒙眼的责任就是辅导老师和学生自己。

三、自习课上的学生修炼

学会自习，必须完成三项修炼：入静、入定、入神。这三项修炼中，入静是基础。诸葛亮在《诫子书》中几次提到"静"字："静以修身……非宁静无以致远……学须静也。"天主教有静修的仪式，据说参加的人在第一天会很难过，有人形容是快疯掉了。看来，真正做到静不容易。在日本禅宗的寺庙里会看到

"吃茶去"三个字。你若向师傅问佛法大义，他会说："吃茶去。"我理解的"吃茶去"是"静"的禅语，读书如修行。评价自习课堂是否安静，先听一听教室是不是还有嘈杂的声音，再看一看学生是不是"两耳不闻窗外事"（当你走过窗前，学生的眼光都投向于你，就说明学生还处于"心不在焉"的状况），尽管有低声的吟诵，有窃窃的交流，但自习课堂还是呈现了"蝉噪林逾静，鸟鸣山更幽"的静谧。入了静才能慢慢进到入定的境界，最后进入"心中唯书，人各世界"的入神禅境。

入静有层次之分，慑于纪律和公德，走进自习课堂，管住嘴巴不说话，强迫入静，是第一层次；自己劝导自己入静，是第二层次；风生水不起，是最高层次。第二项修炼即入定，一坐到座位上，就收心，不胡思乱想，过去的、将来的、高兴的、烦心的，统统置之九霄云外。管住嘴容易，管住心就难了。这需要有驱除心魔的定力，这种定力是理想和学习动机的表现，它需要一种执着于目标的信念强化它，需要一种向善向上的追求支撑它。诸葛亮在《诫外甥书》中说："夫志当存高远……绝情欲……忍屈伸，去细碎……若志不强毅，意不慷慨，徒碌碌滞于俗，默默束于情，永窜伏于凡庸，不免于下流矣。"所以青年学生要坚定理想，在坚定理想的土壤中，生长出笃定的意志。入定需要排除杂念，心无旁骛。《金刚经》中有"应无所住而生其心"的话，无所住就是没有凡夫俗子的留念，没有七情六欲的执着。修炼的第三项任务是入神，即全神贯注、旁若无人。学习到了入神的境界，就如醉在美酒佳酿中，如痴在花前圆月下，听不见铃声，看不见他人，废寝忘食，不忍释卷，这是乐学的境界。

分数透视出的更多的是应试能力，自习透视出的才是决定未来发展的素质。掉地上一根针都能听得见的自习，里面坐的人将来一定是职业、事业的成功者！因为他们有修养，因为他们有定力，因为他们自己掌握着命运！

有人说"有什么样的土地就有什么样的民族"。我说"有什么样的自习，就有什么样的学生"。君不见，我们身边许许多多有差距的学生，都是不会充分利用自习的人，虽然他们一样聪明，一样有着很强的接受能力。

学会上自习吧，从自习走向成功！

再谈课堂改革

　　教育改革是改革既定观念、调整主体利益、创造新的格局、重塑新的模式的系统性的浩大的工程，任何一场真正的改革，都要遇到难以克服而必须克服的困难，都会经历传播、带领、等待改革的思想和行为为大多数人接受的时间过程。改革中既会有因循守旧的人，也会有摇旗呐喊但缺少明确目标的人，所以绝不能冀一蹴而就之功，幻一朝一夕之想。它需要改革者有耐心、有定力、有眼光、有百折不挠的坚韧品质。

　　素质教育从专家学者到坊间再到庙堂，虽然走了几十年的路程，但远没有"深入人心"。应试教育和应试能力的区别、素质教育和应试能力的关系，很多人仍旧模糊不清。经常听到有人说："我们的学生差，不适合搞素质教育。"他们或把素质教育简单化为全面发展；或把全面发展、全员发展、全程发展和个性特长发展对立起来；或把素质教育看成是学有余力的优秀人才的教育，即学业成绩优异者的拓展学习；或把素质教育当作高考科目以外的其他领域的学习。还有的人把素质教育简单地视为品德教育和做人教育，认为素质教育和学业成绩存在着不可调和的矛盾，所以才有了"素质教育喊得轰轰烈烈，应试教育搞得扎扎实实"的现象。孰不知，应试能力在素质教育中占着重要的一席之地。

一、课堂改革仍然任重道远

《论语》中有："不愤不启，不悱不发。举一隅不以三隅反，则不复也。"可以想象，春秋时期的学堂一定是现在倡导的"以学习为中心"的课堂。教育目的从齐家治国平天下到开科取士再到立德树人，教育和社会一样，几千年历经了沧桑之变。其实，任何课堂观都是在相应社会制度和规则下产生的。有人说新中国的课堂教学，就是继承了凯洛夫"五步教学法"的模式。这个说法有些偏颇，课堂的应试化教学和中国封建制度里的八股教育有着一脉相承的血缘。凯洛夫的模式其实是八股教育的精华现代版，不能不承认，"五步教学法"中的组织教学、复习旧课、讲解新课、巩固新课、布置作业，表现了知识讲授中的严谨性、连贯性和缜密性。目前，被视作改革样板的"三环节一体化"课堂（课前预习、课堂学习、课后复习），就有着凯洛夫"五步教学法"的影子。可以说，当课堂以教为中心、以传授知识为渠道时，很多人自觉或不自觉地在心里面视凯洛夫的"五步教学法"为应试教学的"有效"课堂。中苏关系恶化以后，虽然凯洛夫模式遭到了批判，并多次受到教学新模式的冲击，但至今不少学校的课堂仍然沿袭甚至强化了"五步"中的一些环节，有些课堂虽冠以新招牌，但课堂观念上仍未跳出凯洛夫的窠臼，只是"新瓶装旧酒"而已，原因是有些人喝惯了这种酒，产生了依赖性，要在新瓶中装进新酒，就要先改变口感和嗜好，再改变酿酒的酵母和工序。

20世纪80年代，课堂改革在中国教坛上风起云涌，出现了不少新的课堂观点和有一定影响力的教学模式。例如卢仲衡"中学数学自学辅导教学模式"（启、读、练、知、结）；魏书生"语文课堂结构改革实验"（定向、自学、讨论、答疑、自测、自结）；黎世法"异步教学模式"（自学、启发、复习、作业、改错、小结）。这些教学模式的共同特点是改"以教为中心"为"以学为中心"，"以学为中心"的新课堂观从这个时期开始亮相于新中国教学的舞台上，这批人是中国课堂观转变的先行者，他们为一场新的、规模浩大的课堂改革开拓了方向，提供了理论基础。近年，叶澜教授在"新基础教育"实验研究中，提出了课堂教学七条：保证学生自主学习的时间和空间（自主学习的时间不得少于1/3，学习空间的结构要体现开放性、多样性与灵活性）；关注每一个学生的学习状况；实现师生之间的民主与平等；培养学生的质疑问难；促进师生的有效互动；实现学生的"书本世界"与"生活世界"的沟通；注意教学行为的反思与重建。我们是否可以说，课堂教学七条标志着"以学为中心"的观点进入了理论构建的成熟期。2010年《国家中长期教育改革和发展规划纲要》把"要以学生为主体，以教师为主导，充分调动学生学习的积极性、主动性，把促进学生成长成才作为学校一切工作的出发点和落脚点"的文字正式写进了官方文件。从此，"教师主导—学生主体"的关系成为全社会的共识，但"以学为中心"的课堂并没有从此"一唱雄鸡天下白"，口头上的认可到实践上的笃行，还隔着一段长长的距离。"以学为中心"的课堂观念虽然贴在了飘扬着的旗帜上，虽然占据了主流的舆论场，但许多学校的讲台上发生的却是"以教为中心"的课堂行为，"以教为中心"仍然占据着统治地位。所以说，目前的课堂改革局面仍然是那句名言："革命尚未成功，同志仍须努力。"

二、树立正确的课堂价值取向是课堂改革的首要任务

课堂改革有两项重要的任务：一是建立正确的课堂价值取向，二是重新构建新的课堂组织形式。树立新的课堂价值取向，课堂组织形式才能不因循守旧，才能避免穿新鞋走老路的情况。这几年的课堂改革虽然动静很大、很热闹，总给人貌合神离的感觉。和20世纪80年代的那群改革者相比，让人有一种实践者少了理论的支撑、理论家缺了实践的检验的感觉。

当下中国的教坛上并不冷清，"有效课堂"改革的模式吸引着很多学校教师的目光。"有效课堂"的理论基础是"以学习为中心"。崔允漷教授在《有效教学》中写道:"把学习还给学生,把讲授降到最低限度,把更多的努力放在引起、维持与促进学生的学习上。"陈佑清教授在《建构学习中心课堂》文章中说:"把发挥学生的积极性作为当前解决教育问题的最有效和最重要的策略。"两位教授的话讲了三个要点:①课堂改革的任务是把学习还给学生;②课堂改革中教师的主导作用是引起、维持与促进学生的学习;③"最有效"就是最大化地发挥学生的积极性,而不是其他。但许多试点学校甚至样板学校的课堂教学活动却发生了异化,课堂中虽然嵌入了某些体现"以学为中心"的课堂环节,骨子里没有改掉"以教为中心"的劣根性。在广为流行的"导学案"中,虽然有自学和研讨的结构内容,但不过是唱戏的行头,它的重点用他们的话说是在引导二字上,过度强调集体备课和反复备课的重要性,企图用教学团队的智慧和个人最大化的投入,拿出质量最为优化的所谓学案,称谓虽然变了,但和传统的教案并没有质的区别,要害就是学生要按照教师设计的教学路线走。甚至有一些学校教师拿出了预习案、自学案、巩固案,对学生每一个时间段的学习做了密不透风的安排,让学生不走弯路,不走崎岖的路,让学生不浪费时间,不发生停顿,在一定时间内,接受和掌握更多的知识和技能。导学案在课堂上做了战略退却,但把语言的控制变成了文字的控制;在课堂外做了战略进攻,教学的主导对教学的主体攻城略地,使学生几乎完全丧失了主体的权力。操作者们对"有效"二字的理解,就是向时间要质量,向管理要效益,这就错误地解读了"有效"二字的意义。他们不是真正地要变教为学,而是要在"教"字上下足功夫,由一个教师的智慧变为多个教师的智慧,由时间不够、交流不充分的备课变为深思熟虑的备课。这和前面两位教授的观点简直是南辕北辙。他们喜欢改革者的形象,但缺少改革者的根本理论,他们演了一出精算大师、管理大师的戏。他们总结了一套三环节一体化(课前预习、课堂学习、课后复习）的课堂理论，把课堂的控制延伸到课前和课后，主导者把控制更加细化，除了时间控制，还有任务控制和制度控制等。他们把展示作为课堂的一个必不可少的环节，他们以为学生由学变教的表演是"以学为中心"的观点的充分体现，殊不知它在某种意义上强化了教的统治地位。"以学为中心"绝不是简单的教师的退出，也绝不仅仅是简单的课堂上的自学时间、研讨时间的安排，"以学为中心"是实现以学生为主体的思想，突出学生在学习过程中的担当，这种担当包含着在学习过程中的规划责任、选择学习路线的得失、成功和失败的体验等。教师的指导和建议，不是渡学生达到知识彼岸的航船，而是灯塔和指南针。舵手永远是学生自己，而不是老师。道尔顿学校的教育家海伦·帕克赫斯特说过几句话："学生可以做的东西，教师千万不要做。""老师教得越多，学生学得越少。""孩子能够主宰他们自己的学习过程。"这些话言语不多却道理深刻，如果不在教育实践中认真地观察、细心地咀嚼，会对其视而不见。其实它是我们反思当前课堂教学的灌顶醍醐：想想不就是这样嘛！教材中学生可以自学的内容，老师代庖了；学生的学习能力越来越弱化了，学生主宰自己学习的主体地位越来越式微了。

突出学生在学习过程中的担当，就不能绕开学习中可能走的弯路，就不能避免思考中可能发生的停滞。能力的提升、方法的把握、思想的发展往往在弯路后顿悟。创造性思想的孕育和生长，克服困难的勇气和智慧，复杂情况下的淡定和沉着，往往在停滞后涅槃。学生大脑的丰富体验活动，给学生情感、知识内化提供了必要的营养，而大脑活动的丰富性既包含着山重水复又包含着柳暗花明。我们应该在这样的认识上建立我们的课堂价值取向。

构建新的课堂组织形式是"以学为中心"课堂理念的必然要求和结果。构建新的课堂组织形式的重点，是把握好学生主体与教师主导的角色分工。构建新的课堂组织形式的难点，是不夸大管理和质量的关系，把向管理要质量作为课堂改革的路子，就成了伪改革；也不能太夸大学生的主体作用，让学生单枪匹马地驰骋于课堂上，这就成了另外一个极端的"无师课堂"的伪改革。拿捏好主体和主导的角色分寸，既是构建新的课堂组织形式的原则，又是课堂改革的最大智慧和艺术所在。

三、课堂改革的一项重要目标是培养创造力

"为什么我们的学校总是培养不出杰出的人才？"这个著名的钱学森之问从一开始的振聋发聩，到你问我问大家问的最后式微，一个沉重的话题变成了找不到债主的无头账。要实现中国梦，实现钱学森之梦，大家应该都来思考和回答这个问题，绝不应该无事人似的或者故作高明地发问。我想，钱学森之大问是不是可以化解成很多个由各个部门寻找答案的小问，比如，中国的基础教育为什么培养不出创造性品质？

培养学生的创造性品质，不仅是教育的历史使命，更体现了课堂改革的重要意义。

课堂改革的研究内容是学习的方式。学习方式决定了思维的品质。正确持久的学习方式可以形成优化的思维运行模式，孕育出科学的方法和思想。课堂改革要关注课堂目标，课堂目标有显性的和隐性的，显性的目标是掌握知识和技能，隐性的目标是提升学习能力和品性。应试教学的课堂追求的是显性的目标，忽略的是隐性的目标，在这种课堂上学生的学习是"看在眼里，听在耳里，记在心里"；"以学为中心"的课堂也追求显性的目标，但更重要的是隐性的目标，在这种课堂上学生的学习是"跃马挺枪，冲锋陷阵，斩将搴旗"。只有这样的课堂学习，才能培养出会读书的人。会读书的人能在学习过程中产生强烈的问题意识。正像陈平原教授所说："会读书的人大多有明显的'问题意识'。知道自己为什么读书，从何入手，怎样展开，以及如何穿越千山万水。"不断地发现问题，不断地思考办法，不断地在突破中体验，不断地形成方法思想。在困惑中成长，提高了创造力，增强了独立性。其实，从某种意义上说治学就是自学，自我"含英咀华"，自辟蹊径，自知冷暖，自得其乐。叶澜教授认

为：有两类因素影响人的身心发展，其一是可能性因素（例如主体自身的条件和环境条件）；其二是现实性因素，即主体自身的活动。她说："可能性因素为人的发展提供的是多种可能，但要使可能最终成为现实的发展只有借助于个体的活动才能实现……个体活动是个体发展的决定性因素。"自辟、自知、自得是个体活动的三重境界。笔者认为饱满的个体活动应该有三个维度：自由度，责任感（坚定目标下的自觉的使命感），内化性。其中，责任感和内化性的培养和成长，除了国家意识、社会意识、思想品德教育以及个体活动获得的体验以外，个体目标的趋同性和个体的内化需求，都与自由度有关。美国华裔物理学家、诺贝尔物理学奖得主朱棣文说："好的教育应该是让你自由寻找那些对你有意义的事情。"这里"自由寻找"说的就是自由度问题。另一位诺贝尔生理学奖获得者埃德蒙·费希尔教授也有一段发人深省的话，他说："美国的中学教育从表面看似乎不太好，但学生到大学能有良好的学习状态，主要是中学时期他们的想象力没有被限制，这是中学时代打下的基础。""自由寻找"和"想象力"是学生主体形象的最重要特征，但"自由寻找"和"想象力"生长在春天，人才的收获却是在秋季，中国立竿见影的功利性教育没有等待的耐心，在这样的社会背景下，课堂改革既肩负着培养人才的使命，又要满足社会和家庭的升学期待。这就要求改革者着眼于学生在每一个时间阶段的发展情况，尽量地缩小量变和质变的时间差。让学生和家长对升学和未来发展都得到看得见摸得着的实实在在的利益。我们的课堂改革方能具备一个宽厚的社会基础。

课堂改革是教育改革中最迫切的任务，是最关键的突破口。这是一场可以影响整个教育改革战略局面的战役。笔者认为，学校这个势单力薄的社会主体，难以超越社会分工的局限性，去搞教育体制改革和综合性改革。但聚焦在课程改革上，确是学校工作者力所能及、责无旁贷的职业使命和社会责任。

《阅读》学科课程标准

> "有一个孩子每天向前走去，他看见最初的东西，他就变成那东西，那东西就变成了他的一部分。"
>
> ——美国诗人惠特曼

一、课程目标

1.发展感知理解能力。

2.发展概括提取能力。

3.发展评价欣赏能力。

4.发展运用联想能力。

二、课程要求

1.阅读中识字的要求：只要求认识，而不要求会写，达到"眼高手低"的目标。

2.阅读分为看图阅读和识字阅读。看图阅读旨在提高学生的感知和理解能力（例如故事梗概、人物特征、场面印象等）。识字阅读立足于概括提取能力，并以此为基础，发展评价欣赏能力和运用联想能力。

三、课程说明

1.看图阅读可以分为配声阅读和配字阅读。配声阅读以教师诵读为主，也可以采用PPT。配字阅读中的识字任务应在学生的学习互动和阅读过程中完成，不宜设计直接的教学环节。

2. 识字阅读分为默读和诵读。默读是自读的过程，诵读可以是自读活动或者是公共活动。默读以达到了解文意、感受情节、连贯语句为目标；诵读以提高深读能力、表达能力、读者和作者的相通能力为目标。

四、课程中的教师任务

1. 认真编写符合课程目标和相关要求的教材。

2. 按照课程标准，形成教学原则，指导自己的教学设计。

3. 要做到学生作业没任务，教师心中有目标。这个目标就是把带有强制性的学习变成自发性直至自觉性的学习。

《故事》学科课程标准

一、课程目标

1.发展学生的感知理解能力、概括能力、再现能力、重组能力。

2.重视学生注意力品质的培养。

3.重视学生语言表达能力的培养。

4.发展学生的集体意识、合作意识、表现意识、向上意识、道德意识。

二、课程要求

1.一年级第一学期对学生的再现能力、重组能力不做要求，重点关注学生的感知理解能力和一定的联想能力。

2.一年级第一学期的语言表达能力是指敢于表达想法的欲望和勇气，能表达清楚简单问题的能力。

3.一年级的故事内容、情节和矛盾要相对简单，但内容要有厚度，对孩子品质的成长有集腋成裘的效果。

4.《故事》《阅读》《科学》《游戏》要有重叠和渗透，体现出小学学习的通识意义，建立新的学科观。

三、课程说明

1. 在一、二年级两年的时间内，要把听故事、讲故事、编故事作为《故事》课的三部曲。

2. 通过听故事培养学生的专注力，通过讲故事培养学生的语言表达能力，通过编故事激发学生的想象力和创造力。

3. 培养学生的专注力并逐渐使其成为学习习惯是《故事》最重要的课程使命。

四、课程中的教师任务

1. 故事的讲述要求教师尽量亲力亲为。

2. 设计引人入胜的情节，读出绘声绘色的氛围是《故事》课堂出彩的关键。教师可以根据故事的内容、情节，用语言、图画、音乐等不同的方式将其呈现。

3. 教师必须知道：《故事》是童年的梦幻，也是孩子成长的营养，还是孩子读书学习的起点。故事要让孩子听得懂、记得清、说得出、想得多。

守望者的麦田

名校的名校长

—— 为《守望者的麦田》而作

读到朱丹先生这本新书时，中原大地正是麦浪涌金、机声隆隆的三夏大忙时节。此时，一年一度的高考也如期而至，无数"麦田守望者"揣着满心期待，当然，还有那少不了的几分焦虑。

是啊，要努力办好人民满意的教育，真不容易。要让更多孩子成就梦想、更多家庭实现希望，教育更是任重而道远——毕竟，让孩子接受优质教育是无数家长的企盼。

一直以来，郑州一中校长朱丹先生承载的责任和困难绝不是一句"鸭梨山大"的调侃就可以一带而过的。他宵衣旰食、竭忠尽智，带领一届又一届懵懂少年、青涩学子，领悟并进入了"入静、入定、入神"的境界，养成了"坚信、坚持、坚强"的品质，嵌入了"自主、自强、自省"的基因，最后，这些学子携着"ZYZ（郑一中）先生"自主、自强、自省和创造的精神，立志、振羽、高飞，融入了更高远的碧空。

每年毕业季，朱丹先生这位"守望者"仰望星空，俯察垄亩，想必会有"雏凤清于老凤声"的欣慰，"长江后浪推前浪"的感慨，"得天下英才而教之"的怦动吧？逐篇每章，展卷抚读。字里行间展示的是一位仁者、长者、智者、勇者、诚者、义者的肺腑之言、金石之声，能使人明心见性、拍案抚掌、发聩振聋！

平心而论，这本200多页的著述，不是大部头；但它凝聚、浓缩了朱丹先生数十年的精力、智慧、汗水和上下求索的历程。他感喟"总得有人去擦亮星星"，用诗一般的语言袒露心声。在国旗下、开学时、毕业时，面对学生，他是仁者、长者，发出一番番感同身受的鼓励、一次次推心置腹的叮咛，有初见时的谆谆定向，有临别时的殷殷催发，有温馨有加的理解鼓励，更有不失严肃的告诫点拨。他是智者、勇者，他绝不唯上而照搬，更不随波而从流，也不标异而哗众，他立足现实、看准方向，紧抓"主体课堂"，大力提倡学生的自主、自学，把立德树人与课程改革有机结合、常抓不懈，最终拓出了新径、赢得了成功。他是诚者、义者，对一中悠久的优秀传统，他悉心传承；对一中文化，他精心培育；对未来规划，他倾心打造；对教师团队，他热心关怀。"一制三权""校务委员会""1+1+1"议事规则，这些包含心血和智慧的制度、理念，正在构成郑州一中建设现代学校制度的四梁八柱，助推学校走得更快、更稳、更远……

作为一个教育媒体人，我和朱丹先生相识也有好些年了，也约他为《河南教育》撰写了不少文章，他的见解谙练，让人信服、钦敬。看他诗意盎然的演讲，你会觉得他是一个感性的人、幽默的人、童心未泯的人；看他思维独到的课改理念，你会觉得他是一个务实的人、缜密的人、远忧近虑的人；看他细致周到的管理体会，你会觉得他是一个智慧的人、和善的人、眼光不凡的人。总之，他是一个懂教育、懂学生、懂教师、懂管理的人，是一位可亲、可敬、可效的教育人。做到这一点，真的不容易呵！

作为一校之长的朱丹先生，即便是谈论轻松的话题，也总是眉头微蹙、肩背略倾、若有所思，甚至于突然想起一件别的事情来，转身交代给身边的人。如今，多少纵横开阖，将化作云淡风轻；多少波折纠结，都可以"笑着说出来"了——我在这里只想说一句：朱兄，您马上也可以"自主"了，不妨在今后难得的"留白"岁月里，展眉、抒情，再谱写出别具魅力的新篇章。

有人说，名校长和名校的校长是两个概念。那么我说，在朱丹先生这里，名校长和名校的校长重叠在了一起。

张剑光

草于2017.6.8（高考结束时）

作者简介：

张剑光，《河南教育》杂志主编。

教科书教育价值的坚守和发展

2019年是中华人民共和国成立70周年。70年，中华民族一改积贫的羸弱形象，以全球第二大经济体的实力屹立于世界民族之林。70年，几代的少年人长成了青年人、中年人，甚至老年人，他们经历了苏联社会主义阵营的瓦解和冷战的结束，目睹了世界的风云际会和百年之变，但他们中的每一代人大都坚守着国家的归属感、政治的认同感、制度的优越感、文化的自信感，中国共产党的卓越领导是根本原因，基础教育的教科书发挥了不可小觑的固根作用。

一、政治性是教科书的天然属性

教科书具有教育价值、科学价值、审美价值、生态价值、知识价值等，其中教育价值是教科书的核心价值。教科书的教育价值首先表现在它的政治性。教育从成为一种社会的专门活动开始，就和政治密不可分。夏商周时期的"学在官府"；封建时代早期的"以吏为师""以法为教"；欧洲中世纪时期的"政教合一"，都告诉人们：政治性是教科书的天然属性。

氏族公社时期，人类的主要斗争是生产斗争，生产资料和生产关系还处于非常简单的阶段，等到历史发展到生产资料相对丰富的时期，生产关系逐渐复杂起来，氏族成员间关于生产资料的分配和支配的权利冲突开始成为突出的矛盾，人类的关系开始呈现出政治的关系。教育对传承和发展文明，对协调和维护秩序显现出了重要作用，开始由一种泛社会化进入专门化、专业性活动。

教科书晚于教育，它应该是出现于文字发明之后，出现于有了教育专门活动的组织单位——学校之后。李弘祺[1]博士在《学以为己》这本书中认为："汉朝太学教授'五经'，可看作中国有系统的官学课程的开始。"官学课程就是教科书的前身。其实官学课程的开始应该更早，经过了夏商到了西周时期，奴隶制已经达到了即将走下坡路的巅峰时期，"官府有学，民间私家无学术"说明了当时统治阶级对教育的重视和对教育的垄断性，贵族高度重视子弟的训练和教育，这个时候已经形成了家庭教育、小学教育、大学教育以及乡学教育较为完整的教育系统，"六艺"就是小学、大学、乡学的基本学科课程，这已经是官学课程了。

二、教科书的管理是行政管理的一个领域

教育一旦进入统治者的视野，教科书管理就成了行政管理的一个领域。历代统治者都高度重视官学课程的建设，明太祖朱元璋命令太学生必须学习《说苑》；还不断颁行有关教育法令，规定所有学生学习明朝的法律。教科书是推行统治者政治主张、文化观念、教化子民的教育载体。清廷在"癸卯学制"中规定，"凡各科课程，须用官译编译局编纂，经学务大臣奏定之本，若自编教科书，须呈学务大臣审定，始准通用"；短短十几年寿命的北洋政府，也设有专门的教科书编撰处；抗战时期国民政府规

---

[1] 李弘祺：学者，美国耶鲁大学博士，代表作有《宋代官学教育与科举》《学以为己：传统中国的教育》等。

定了公民、历史、国文、地理四科教材统一的政策；新中国成立之初，中央就明确指出："教科书对国计民生影响特别巨大，要由国家来办。"于是全国的教材编写、审定、出版、发行全部收归中央。其实何止国计民生，它对执政者的治国理政，对社会的长治久安都有着载舟覆舟的作用。

教科书的问题，可以透视出执政者的政治远见、政治成熟度和历史责任担当。毛泽东说过"宁可把别的摊子缩小点，必须抽调大批干部编写教材"；邓小平也指出"教材，这是个关键要紧的事情""看来，教材非从中小学抓起不可""教育部要管教材，不能设想我们国家可以没有统一的中学教材"；习近平总书记鲜明地指出"教材建设是育人育才的重要依托。建设什么样的教材体系，核心教材传授什么内容，倡导什么价值，体现国家意志，是国家事权"。教材是意识形态的最重要部分，它决定着下一个20年、百年的青年心之所向。没有这个战略站位，必然会导致"人无远虑、必有近忧"。

三、教科书之争往往是政治博弈

发生在香港的"修例"之乱，使香港社会稳定和经济发展遭遇到了空前的破坏。这次动乱中的滋事者多是1997年香港回归后出生的孩子，他们打着美国和英国的国旗，把五星红旗扔到海里，表现出令人愤慨的反国家行为。他们没有国家归属感，没有民族自豪感，没有中国文化的自信感，反而有殖民统治下二等公民的优越心态。导致这种不可思议现象的原因就是教科书问题！全国政协副主席、香港前特首董建华在会见记者时对此表示心痛，他承认是自己任内开始推行的通识教育的失败，是通识教育令年轻一代变得有问题。

通识教育是教育中最重要的部分，它不同于关乎科学发展的专业性知识的学习，但却影响着人类存在的永久性的基本理念——人性的善恶、民族的传统价值、国家历史的认知、道德价值的认同等。有学者认为中国传统的古典教育都是通识教育。不少学者认为人文学科对社会学来说非常重要，理解社会并不能完全从科学出发，需要将人文知识加进去。在香港，历史竟然不是必修课，而是选修课；决定公民意识的通识教材竟然不须经过统一审定。香港回归，结束了殖民化百年的世纪悲剧，这个时候端正历史的认知，加强香港民众的向心力本应该是教育的当务之急，是教科书刻不容缓的历史使命。让孩子回到母亲的怀抱却仍然喝着狼奶长大，这不能不说是香港特区政府的重大疏忽和香港教育的深刻教训。

许多媒体指出了香港一些学校使用通识教材的混乱情况，甚至在一篇《新领域高中通识》中，印刷着这样的文字：《基本法》的最终解释权"不在香港司法机构，却属全国人大常委会"。"却属"二字充满了对全国最高权力机构——全国人大的挑衅，毫不掩藏编写者的险恶用心。台湾、香港、澳门和大陆政治制度不同，可以有不同的政治观点，但只要是中国人，都应该有一个"认祖归宗"的底线。香港和澳门的社会局面对比再次告诉人们，教科书的政治性不能含糊，含糊不仅模糊了历史的真相，还会稀释掉民族的情感。龚自珍说得一针见血："灭人之国，必先去其史。"中华民族几千年能延脉壮大，有一个根本的原因：中华文明有一个清晰的历史，有一个全民族共识的正确历史观。世界大多数国家都把历史作为学生的必修课，因为割断了历史，就割断了"国"与"家"之根。台湾媒体人黄智贤谈到自己和家人在"统""独"上的不同立场："变的不是我，是社会环境，小时候我们读的是《唐诗三百首》和《红楼梦》，大家都认同自己是中国人。"国家的历史认知不牢，社会就会地动山摇。近些年台湾出现的"天然独"现象，就是李登辉和民进党多年来为了实现渐进式台独而在教科书上收获的利益：围绕着中小学的课纲和历史教科书问题，他们与国民党统派不惜在立法院大打出手、多年攻防，终于在执政期间把中国史合并为东亚史，把教科书中的古文比重减小。前车之鉴，没有成为香港的后事之师。让人痛心！

教科书不是流传于坊间的识字读本，也不仅是脍炙人口的文字佳作，教科书的编撰首要原则是选择，它要满足三个需求：一是执政者的政治需求，二是人类先进文化的传承需求，三是时代的文化意识及民俗需求。有时候围绕着教科书会发生激烈的政治之争，台湾及香港的情况近在眼前，这种斗争在历史上早就发生过，甚至表现惨烈。秦朝的焚书事件，李弘祺就认为是秦灭六国之后，"不同教育课程确实存在，而且他们之间一定有相当的竞争，这是秦朝焚书的部分原因"。教科书的政治性是由它承担的社会作用所决定的：一是通过知识的传承和对民智的开发，促进人类的科学发展和文明发展；二是按照统治者的要求教化人民，使之道德和公共意识及个人操守符合社会的规范。

四、教科书的道德规范性

道德规范性是教科书教育价值的又一重要内容，从"六艺"到"六经"，道德的完善和人格的修为始终是教育的主要基调。"六艺"中的礼、乐、射、御、书、数就相当于我们今天所说的"核心素养"，它包含着政治宗法、伦理道德、爱国主义和习惯培养等。在六种核心素养中，"礼"无疑是第一位的。中国的传统教育典籍中把中国称为"礼仪之邦"，把社会的动乱称为"礼崩乐坏"，说明了"礼"在教育中的重要地位。《礼记·曲礼上》说："道德仁义，非礼不成，教训正俗，非礼不备。分争辨讼，非礼不决。君臣上下父子兄弟，非礼不定。宦学事师，非礼不亲。班朝治军，莅官行法，非礼威严不行……为礼以教人，使人以有礼，知自别于禽兽。"十八大把"立德树人"确立为教书育人的根本任务，就是继承、发展了教育的传统价值，"立德"显然也是教科书的教育价值内容。

教科书要把"立德树人"这一崇高育人目标变成工程图纸，变成可操作的技术性教学，使教师和学生在教科书的平台上深化对历史的认知、对善恶的认知、对客观世界的认知，深化其情感的体验，促进其思维品质的发展。

教科书对不谙世事的青少年来讲有着先入为主的作用，按照脑科学的理论，先入为主的东西具有印刻[1]效应，对于人文科目尤显突出。意识形态的斗争随着时代的发展表现出不同的形式，冷战结束以后，关于"主义""政党""道路"之争似乎淡化了，但围绕着"民主""自由"及国家主权、民族历史的冲突逐渐上升为焦点。教科书必须直面这些问题，让学生树立起正确的价值观和历史观。

五、教科书与教师、考试的关系

教科书不仅具有教材的知识性，还具有制约教师的边界性。教科书对重大的历史事实、对有影响的社会事件给出了正义的、公道的、客观的正确观点和答案，避免了教师个人可能存在的孤陋和偏见，也避免了教师解读的随意性。从这个意义上来讲，教科书不仅有提供知识材料的作用，对教师还有一定的规范作用。

规范作用要通过教育者和教育方式灵活生动起来，在这里有必要从教科书的视角给考试的作用再定位：考试不仅是对教学效果的检查和评价，还是升级教科书作用的重要教育教学手段。考试科目的确立和考试评价的标准，对实现国家意志和引导政治、道德倾向有着难以替代的力量。教科书有航道作用，它决定着学子们的努力方向。无论是过去的科举制度，还是今天的高考都强化着这个航道作用。

元朝时期，学者许衡推荐的《论语》《孟子》《大学》等课程为官学所采用，对此李弘祺指出"这些著作被科举考试的权威

---

[1]印刻：心理学名词。一种特殊的学习过程。出现在有机体生命早期的关键期或敏感期。如鸭子在出壳后13~16小时内，出现跟随一只成年母鸭（通常是"母亲"）的反应。如在这段时间内没有母鸭出现，鸭子也会自动跟随它首先遇到的人、其他动物或物体。

机构采用为标准教材，在所有年轻学子的学习进程中非常重要。我们完全可以想象到大多数教师都会要求学生集中精力去记忆和学习这些著作。"教科书是静态的，但教师和考试可以让教科书变成动态。教科书解决了教什么的问题，教师解决了怎样教的问题，考试解决了怎样落实"教什么"和"怎样教"的问题。从教科书的政治性和道德规范性上来讲，教师、考试、教科书相互成为一体，显示了相互依存的关系。

从科学价值、思维发展价值的角度来看教科书，需要弱化考试与教科书的依存程度，考试与教科书的一致化越强，学校越容易走向唯知识化的"应试教育"。教科书的政治性和道德规范性更多的是体现在人文学科中，所以教育部在多级教材编写体制中，把《思想品德》《语文》《历史》规定为义务教育阶段的统编教材，可知个中深意。把抓牢抓好人文学科、放开搞活自然学科，作为教科书编写的重要原则。人文学科抓牢抓好就是死守住红线，把空间做大，把教师选对，把考试做到灵活可控。高考改革不是一件容易的事，难就难在从以上原则中找到恰到好处的平衡点。

对于考试和课程的关系，李弘祺认为："一旦科举考试成为确定的制度，就开始对学习目的产生了影响。由政府认可的课程，即官方课程，因此可以说已经形成。"按照李弘祺的观点，官学课程从汉朝太学教授"五经"开始，到形成科举制度之时，经历了多个朝代。由此看来官学课程差的不是800多年的时光，而是一场科举考试。考试对官学课程成熟的催化作用何其之大！

1897年上海南洋公学外院效法西洋，编了国文、算术、历史……打破老传统，把各门知识较有系统地编为教科书。官学课程从此换了一个称谓——教科书。虽然称谓不同，但它的教育价值（这里指的是政治性和道德规范性）愈发显得重要和复杂起来。不管怎样复杂，教育促进物质文明和精神文明的功能没有变，教育让科学技术发展和获取安居乐业幸福的目标没有变。坚守教科书的教育人文价值和推动思维与科学的发展价值永远是教科书的追求。

论劳动教育

《中共中央 国务院关于全面加强新时代大中小学劳动教育的意见》（以下简称《意见》）的颁布，使劳动教育受到了教育理论工作者和学校教育工作者前所未有的关注。本文从教育方针在不同历史阶段的表述、劳动的教育价值、劳动在家庭教育中的重要地位等方面谈一谈自己的粗浅之见，希望能引起更加广泛的、深入的讨论。

一、教育方针在不同历史阶段的不同表述

教育方针是根据民族的传统文化精神，现实的政治体制和治国理念、经济的规模和水平、科技的实力和发展态势、社会的构成和需求制定出的教育政策总纲。新中国成立以来，教育方针在三个不同时期有不同的表述：

①1957年2月毛泽东在《关于正确处理人民内部矛盾的问题》中指出："我们的教育方针，应该使受教育者在德育、智育、体育几方面都得到发展，成为有社会主义觉悟的有文化的劳动者。"1958年9月，中共中央、国务院在《关于教育工作的指示》中明确"教育与生产劳动相结合"。

②1995年《中华人民共和国教育法》继续强调了"教育必须与生产劳动相结合"。1999年，江泽民在第三次全国教育工作会议上提出"努力造就'有理想、有道德、有文化、有纪律'的德育、智育、体育、美育等全面发展的社会主义事业建设者和接班人"。

③2018年全国教育大会上，习近平总书记特别指出"要努力构建德智体美劳全面培养的教育体系"。2019年6月中共中央、国务院《关于深化教育教学改革全面提高义务教育质量的意见》提出"坚持'五育'并举，全面发展素质教育"。2020年颁布的《意见》则明确提出"把劳动教育与德育、智育、体育、美育相融合"。

可以发现表述的变化有三点：一是从"德智体"到"德智体美"再到"德智体美劳"，育人的目标更加全面、具体，育人的理念更加完整、先进；二是从"有社会主义觉悟的有文化的劳动者"到"社会主义事业建设者和接班人"，反映了社会物质文明发展的水平，以及因经济基础的变化带来的阶层重组、公民整体素养的提升、现代化实现后劳动内容和形式的深刻变化；三是从"教育与生产劳动相结合"到"把劳动教育与德育、智育、体育、美育相融合"，结合与融合只有一字之差，前者是有着内涵边界的独立体之间的联系，后者是合而为一的一体化。

二、劳动的价值

①劳动的生存价值。劳动创造了人类，在漫长的历史长河中，人们"与天奋斗，与地奋斗，与人奋斗"。如果说"与人奋斗"是社会的、政治的、军事的斗争，那么"与天奋斗、与地奋斗"就是人类征服自然的劳动活动。劳动的价值首先体现在生存价值上，这是劳动最原始、最基本的价值。中国民谚"泥瓦匠住草房，纺织娘没衣裳"，描述了人民大众劳动的艰辛和生存的不易。一部劳动史就是半部人类文化史，几千年来，"耕读之家"是广大人民向往、士大夫阶层努力实现的家庭、家族建设的目

标。劳动在中国的传统文化中占据着重要的地位。

《宪法》规定"实行各尽所能，按劳分配的原则"，苏联和其他一些社会主义国家的宪法也都有类似的规定，这说明了劳动是生产资料社会主义公有制社会的重要价值观。新中国成立70多年来发生了翻天覆地的变化，机械化取代了大部分笨拙沉重的体力劳动，但劳动对人类的创造性活动、促进物质繁荣和文明的作用没有改变。

②劳动的情感价值。社会成员之间存在着依存关系是显著的社会特征之一，人类最早是通过劳动分工形成劳动关系，进而演化派生为利益关系和政治关系的。劳动使人类进化到高级阶段，这是劳动的伟大贡献。

《史记·陈涉世家》记载陈胜早年曾佣耕于田头，对伙伴说"苟富贵，无相忘"，陈胜这种情感的基础就是佣耕者在劳动中建立起来的情感和友谊。中国有"寒门出贵子"之说，时而有关于家境窘迫、假日帮助父母打工的孩子升入名牌大学的事情见诸报端。这种现象告诉我们：与父母一起挑起生活的担子，共同承受劳动的沉重，反而酿就了一种强烈的情感，这种情感转化为执着求学的动力和意志品质。反观现代社会中的"巨婴"现象，很大的原因是他们缺少劳动谋生的生活体验，没有养成劳动的品质和习惯。

劳动不仅通过出力流汗起到了磨炼意志的作用，更有改造心性、感悟生命、播植爱心和同理心的影响力。许多学校的食堂里都可以看到这样的标语"谁知盘中餐，粒粒皆辛苦""一粥一饭，当思来处不易；半丝半缕，恒念物力维艰"。试想，如果没有"锄禾日当午，汗滴禾下土""朝朝理机杼"的劳动过程，思之何处？恒念何来？劳动的身体力行和通过劳动建立起来的人际关系，是情感的生发之源。

③劳动的智力价值。智力价值是隐蔽的劳动价值，许多人之所以忽略劳动的教育作用，症结正在于此。不仅在被应试教育支配着学生、家长、教师的教育观的当下中国，就是在几十年前

的苏联，也存在着相似的情况。苏霍姆林斯基就这一现象指出：产生的"重要原因之一就是我们的教育工作进行得不理想。一个学生可能学习得很不好，在课堂上和放学后都无所事事，但是他知道，'反正总可以升入什么学校的'。许多学生家长也是一心一意只准备让子女升入什么高等学校，因此不让孩子从事任何劳动"，"就连学校的教师也给学生灌输这种思想：只要能掌握理论知识，认真完成课堂作业和家庭作业……在绝大多数情况下，生活道路的选择就取决于某些学科的学业成绩"。

中国的两个成语："心灵手巧""文武双全"，讲的是心智和体智的关系。我认为，智商应该由心智和体智两部分组成，二者是相辅相成的关系。从生理学上讲，大脑中神经突触连接得越多，感受刺激的机会就越多。人们在任何感官上的进步都是接受刺激而发生改变、调整的结果。受到的刺激少到一定程度，人们就会因单调而导致倦怠和麻木，产生厌恶而逃遁。可怕的是，越来越多的教育工作者把体力劳动和智力发展割裂成孤立而不关联的东西，把劳动从教育中剥离出来，这是多么的无知！

"心灵"和"手巧"是互相促进的关系，不能判断孰因孰果。看看苏霍姆林斯基是怎么说的："培养像工程师、医生、地质学家、建筑家这样的脑力劳动专家，在一定意义上来讲，要比培养能够创造性地劳动的技师、大田工作者、饲养员、泥水匠等更加容易些。"而今天的职业学校冷清得门可罗雀，和普通中学热闹的车水马龙形成了鲜明对照，令人感叹劳动在教育中贬值的现实。有时社会制度不同，但在相似的物质发展阶段和相似的价值观阶段，历史的现象会惊人地相似。

④劳动的道德价值。道德价值是重要的劳动价值，教育的首要任务是立德树人，《宪法》第二十四条写明了"爱祖国、爱人民、爱劳动、爱科学、爱社会主义"。在"五爱"中，爱劳动是基础，爱劳动才能通过双手和心智装扮美如画卷的祖国河山；爱劳动才会体察民情、与人民的甘苦悲喜休戚与共；爱劳动才能克

难攻坚完成复杂繁琐的科学实验；爱劳动才会接受"按劳分配为主体、多种分配方式并存的分配制度"（见《宪法》第六条），才会有"劳动是一切有劳动能力的公民的光荣职责"（见《宪法》第四二十条）的认同感。

反对懒惰是培养劳动者道德价值的重要内容，马卡连柯就此指出"大部分情况下孩子的懒惰是由于不正确的教育助长的""幼年起家长就没有培养孩子的毅力，没有教会他去克服困难，没有激发他对家务的兴趣，没有培养他的劳动习惯和享受劳动带来的乐趣的习惯"，马卡连柯特别提醒父母"除非相互帮助，哥哥不得享受弟弟的劳动"。"家长应该很好地检查这种情况，要尽可能地做到使大人不再去做孩子能够并且应该自己去做的事"。现在有许多家庭，父母为了鼓励孩子参与劳动，采取付酬的办法。殊不知这种做法丧失了劳动教育中的重要价值——道德价值，马卡连柯告诫说"我们坚决不主张在劳动方面采取任何的奖励和惩罚，劳动任务和劳动任务的完成，本身就应该带来体验的快乐和满足，承认孩子的工作做得好，就是对他劳动的最好奖励"，只看到劳动的谋生价值和技艺价值，劳动就永远在教育中处于尴尬的地位。

三、劳动在家庭教育中的作用

《意见》强调"把劳动教育纳入人才培养全过程，贯通大中小学各学段，贯穿家庭、学校、社会各方面"。和其他方面的教育一样，劳动教育也要从娃娃抓起。苏霍姆林斯基根据不同的年龄阶段把劳动分为认识性劳动、服务性劳动和生产性劳动。认识性劳动是幼儿和学龄初期的劳动，这种劳动虽然具有技艺简单、完成难度小的特点，但是对劳动品质的培养却起着决定性作用。这种劳动教育设计的目的是培养劳动的兴趣和爱好，加强劳动的责任和义务感，增进对劳动的认知。用苏霍姆林斯基的话说，这个阶段是"对学生的思想施加影响，唤起他们投入劳动"。马卡连柯再三对父母们强调"在自己子女的教育工作中，家长任何时候都不应该忘记劳动原则"。他还对认识性劳动提出了建设性的意见：①家庭不适合对儿童进行培养技能的劳动教育。②劳动教育的主要益处不在身体品质的发展，主要在于心理的、精神的发展。③在适合儿童的情况下，家长要设计任务相对复杂、具有自主性的劳动，这样才能提升劳动教育的水平。④要把劳动和孩子的活动融合在一起，他举例说：游戏开始时，应该向孩子指出所有玩具的收纳以及游戏场所的清洁和秩序责任。他为孩子们开列了一份家庭劳动清单，比如，擦拭尘土、铺好餐桌、整洁书架、取放报纸、打扫房间、缝纫衣扣、清洗餐具、洗衣浇花、接听电话等。他特别指出：要培养孩子善于完成那些他没有特别兴趣的工作，那些最初看来是很枯燥乏味的工作。一般来说应该这样进行教育，使孩子做出劳动努力的决定性因素不是某项工作的趣味性，而是它的有益性和必要性。家长应该培养孩子耐心地、不气馁地完成不愉快的工作的能力。

苏霍姆林斯基对儿童进行劳动教育的思想，仍然对我们如何开展劳动教育有着积极的现实意义。他说："在最初一段时间内，对于真正的劳动，儿童感到的失望比他感到的疲劳还来得更早一些。只有当儿童意识到自己努力创造的作用，认识到劳动的社会意义时，才能培养出他对劳动的真正的爱。如果缺乏这种自觉的因素，强制只能碰上学生的抵制情绪，强制的力量越大，抵制的情绪就越强。"我们强调培养劳动的兴趣，但不能为兴趣而兴趣，兴趣只有和劳动的价值统一起来，才能避免作秀和形式主义。苏霍姆林斯基严肃地指出："有些活动是很有趣的，但从其本质上讲并没有劳动。如果让儿童把所有力量和全部精力都耗费到这些有趣的活动上去，那就会败坏他们的思想。"

设置劳动教育课程，建设劳动教育课程体系是《意见》对学校教育提出的新要求，这是一项具有挑战性的工作。苏霍姆林斯基曾用五个字概括了劳动教育——"必要、困难、好"。我们必须认识到劳动教育的困难所在，不喊口号，不贴标签，不走形式，把劳动教育作为未来一段时期的责无旁贷的艰巨使命。

论学校文化

文化一词由"文"和"化"两字构成。何谓"文"呢？它是书本中的文字，是先贤的至理名言，是读书人、教书匠的出口锦绣，是大街小巷墙壁上的标语口号，是符号，是知识，是观念的浅层。当"文"进行了发酵，产生了爆炸，才有了文化的意义，当"文"走过了静止状态，具有了动量的意义和动能的内涵，直至成为人们的观念意识、行为习惯，"文"就从"文字"变成了"文化"。我认为文化的解读应该是这样的：它是一个国家、一个民族、一个团体被主流群体认可的道德尺度、价值共识、是非标准，甚至是一种心灵契约，它常常表现出具有集体倾向的行为和意识，相对于人类创造的物质财富来讲，文化更应是人类创造的精神财富。

知识是"文"的静止状态，它对人没有约束性，但文化对人有约束性，文化常常潜意识地使人们处于一种自觉的状态，有时或表现出下意识的行为。当下所谓的潜规则就是文化所表现出的非规则约束作用，虽然它常常是文化的消极内容。我们的教育代表着先进的文化，先进的文化就要抵制和批判落后的文化，让先进的文化成为青少年的行为原则，这就是教育的文化意义。

文化具有动量，它常常让人不由自主地产生"举手投足"的自然性和从众的群体取向性。正是文化的这种功能，才让人们热议起"企业文化""学校文化""城市文化"来，它证明了"以文化人"的积极价值得到了世人的认同。但文化不是文字，不是符号标签，也不是知识技术，不能拿来就用，文化不仅仅是"耳濡目染"，文化也有"洗脑"的作用。不少企业、学校和单位中，随处可见墙壁上写满了冠冕堂皇的口号，虽然起到了耳"濡"目"染"的造势作用，但没有直抵人心的穿透力，难以发生"启迪"作用。真正的文化是精神的长相，一个团队中成员之间性格不同、面貌各异，但大多数人的三观和职业操守，总有一种似曾相识的熟悉感，这种感觉其实就是团队文化对成员心理和精神的"濡""染"作用。

一、文化的特征

文化有变异性，这种变异是文化的发展和推陈出新。世界四大文明中仅有中华文明源远流长从未中断，就在于中华文化能够"苟日新，日日新，又日新"，保持了鲜活而恒久的生命力，鲜活至关重要，有鲜活才有恒久。生长是生命的基本状态，不生长就会腐朽。文化不害怕变异也不应该害怕变异，但这种变异是变先进而不是变落后，变强大而不是变羸弱，变包容而不是变偏狭。这是变异是否正确的判断标准。文化发展的过程就是强身固本的过程，变异是为了防止外部的侵袭和打击而追求优化的过程。如果说变异是强身的话，固本就是传承，就是不断地发挥文化的自身免疫力和自我净化作用，这种作用又可视为排他性，排他性让文化保持了独特性。多样性、变异性、排他性，是文化中的矛盾统一体。

先进的文化不会止步于文字和口头，停留在文字和口头上的文化再漂亮也不能发挥引领和指导作用。教育教学要用教育的智慧、教学的艺术把世界观、人生观、价值观，道德和情感、知识和能力创作为入心的场景和叙事，用师德楷模的影响力，发挥出春风化雨之效。文化虽然要着墨于"文"的形式和绚丽，但更要着力于"化"的用心经营。学校只有把思想性、方法论和情感意志统一起来，才能被称为教育。

文化具有"一脉相承"的延续性。文化的传承有两条路径：一是由知识内化而来，二是社会性的遗传作用。有些人读了多年的书，言行表现的却是"有知识没文化"，而有些人虽然大字不识几个却颇有礼仪之邦的大国子民之范。文化的延续性让不同地域、不同民族的文化"自成一家"，形成了独具特色的"地域文化"和"民族文化"，世界斑斓多彩的文化犹如赤橙黄绿青蓝紫的光谱一样异彩纷呈。现在许多学校，一把手改换得太快，学校发展的蓝图不断标新，文化的主调不断立异，这就很难形成真正的特色文化。郑州一中在20世纪60年代就提出了"智力靠自我开发，身心靠自我磨砺，人格靠自我塑造"的教育观点；世纪交替的前后二十余年里，马自力、张时今两位校长提出"增加学生自由度，增加学习自由度"；几任校长，虽然从不同的视角，根据不同的经验，用不同的词句形式，提出不同的教育任务，但都所见略同地围绕着"减少学习时间、降低作业负担，培养自主意识"这个中心，不约而同地把培养"学生是学习的主人翁"作为学校教育教学日程表上的首位大事，从而奠定了最后的"唤醒自主意识，提高自主能力，培养自主精神"的一中理念。

文化具有职业性，不同的职业之间，职业内容、职业素养、职业形式、职业与社会的关系等都不同，从而使文化有了不同的内涵，职业具有了不同的使命。职业文化又反过来要求从业者追寻职业宗旨，坚守职业操守，表现出不改初心、不容亵渎的职业精神。俗话说"隔行如隔山"，职业文化之间相去甚远，我们应该守护这种差异，这种守护是职业精神的重要内容。"去学校行政化"，反对"教育商业化"，就是保证教育文化纯洁性、崇高性、先进性的重要方法。

二、学校文化

学校文化包含着管理文化、教师文化、教育文化。管理文化是学校文化的火车头，它决定着学校的教师文化和教育文化。管理文化包含着管理者的规则意识、管理者的自省精神和管理制度。管理文化的核心是教育理念、教育理想、教育情怀和管理观。对于教育管理，曾经流传着"以德治校"和"依法制校"之说，二者不仅有"以"和"依"之别，还有"治"和"制"之异，这是学校管理者必须首先理清的管理思想：学校管理面对的是不同于成人世界的未成年人群体，他们身体和心智尚不成熟，思想观念和言语行为具有很大的可塑性，所以教育和转化应是"管理"的主要指导思想，爱的春风、善的细雨不仅是教育者的思维出发点，也是过程和终点。学生违反校纪班规是学校的常态，因为孩子就是在正确和错误中得到经验和教训才成熟起来的，转化学生的不良行为和不良习惯，使守纪守法成为学生走入社会时自觉的公民意识，正是社会赋予学校的使命和责任，它构成了教育的主要内容，改变和转化的过程中有时候甚至可以把校纪班规"束之高阁"，而用更柔和、更打动人心的策略解决，只对十分顽劣的孩子才绳之以校纪班规。动辄用惩戒的手段不是教育家的方法，所以说"以德治校"是学校管理的根本，"依法制校"是学校管理的底线。我们从《未成年人保护法》及其他相应法律，可以体悟出"法不责幼"的教育思维。

曾经一段时期，不少学校颇为流行"向管理要质量""精细化管理"的提法，很多学校实行了上下班签字、工作时间考勤、出入校门验指纹等严苛的企业管理制度，企图以此规定保证工作时间和工作产出，这种想法和做法至今仍是许多校长的管理观念。我们当然要加强课堂管理和教学管理，但现实情况是大部分学校老师和学生已经处在满负荷或超负荷的状态，通过管理的精细化获得的提升质量的空间很小。这种极限化的管理无视需要高度职业责任感和高度智慧的教师职业特征，挫伤了工作积极性，增加了教师的倦怠感，这种做法与减负思维背道而驰。提高教育质量应该从激发教师的职业精神入手，使教师由"为稻粱谋"的讨生者变为传播爱和善的"使者"，把和尚撞钟的敷衍塞责变为孺子牛的勤勤恳恳；把死记硬背、书山题海的知识教学变为树立学生的鸿鹄之志、塑造学生的自主精神、开发学生的思维品质的素质教育。"向管理要质量""精细化管理"的企业文化，决不能随随便便拿来作为学校教育的牛鼻子。

制度文化是学校管理文化中不可或缺的内容，制度文化既要做到政治上正确，又要充分体现民主集中制原则，具有合法合理合情性。一些学校设置校务委员会就是让"合法、合理、合情"在制度设计中得以体现。校务委员会在政治正确的前提下，使很多决策体现了教师的学术积极性、主流群体的意志和利益，避免了校长可能出现的主观片面性，避免了一些不必要的行政矛盾和冲突。

会议文化属于制度性文化，建设高效、和谐的会议文化是领导团结和成员一心的保证。《罗伯特议事规则》在西方之所以受欢迎就是因为它提供了适合西方文化和行政运作机制的会议文化。会议有三种类型：①只议不决的会议，例如座谈会、听证会等。②不议而决的会议，例如推荐表决会、选举会等。③又议又决的会议，例如顶层决策会、发展规划会等。解决什么事情和矛盾就用什么样的会议，"民主集中制原则"为学校管理提供了足够灵活的回旋空间，如何运用它设计会议是对领导成熟度和管理艺术的考验。

教育者要做现实主义者，更要做理想主义者。所谓现实主义者就是教育者要熟稔世情和人性，以使教育不高高在上，找到对接社会的切口。所谓理想主义者就是要和社会留一些距离，保持一份相对旁观者的清醒和冷静。不管社会风气和现状如何，都怀揣着一个弘毅的目标，不钝感，不怯懦，对理想有一种"不到长城非好汉"的孜孜追求。有人说"什么腐败都不怕，只要教育不腐败"，这是社会对教育的期许。中国知识分子有一种其他行业没有的高贵品质——清高，清高是一种风骨，是一种不愿流俗的节操，更是一种不肯屈服的坚强。如果教师群体还能保持清高，教育就有希望。

清高的品质属于教师文化，教师文化是学校文化的脊梁，一个学校有好的教师文化，学校文化就有了自信的底气。好的教师文化除了必须体现执政党的意志、国家的意志、人民的意志，首先要有自我约束精神，自由是创造科学价值和精神价值的源泉，但我们必须知道自由是什么，"自由不是让你想做什么就做什么，自由是你不想做什么就可以不做什么"。自由不仅是个人意志的解放，还是个人对社会、对规则的敬畏。我们的文化传统讲慎独，慎独就是教你"不想做什么就可以不做什么"。

"学高为师，身正为范"，教师的楷模作用是教师文化的地标，只会把社会倡导的东西念出来、写出来不算教育，只有自己做出来，教育的过程才会发生。教师不能做表里不一的人，因为表里不一了，教育就不会达到目的甚至会培养出伪君子。

教学不是教育，教师不是匠人，教学是做教书匠的技能，教育是做教师的艺术。这些话大众理解不理解不重要，重要的是教师要笃信。教师只把眼光死死地盯在知识的教学上，不仅封闭了学生精神世界的扩展，也限制了自己的心灵空间。知识教学的路径和目标有相当大的确定性和重复性。教师把眼光局限于知识的范围里，必然会产生职业倦怠感。素质教育要面向全体、促进学生的全面发展、全过程地关注学生成长，就要面对不同的个体、面对每一个个体的不同方面，面对不同禀赋、不同气质、不同习惯、不同家庭环境和社会环境等因材施教，既然育人的目标不可能整齐划一，育人的方法也不可能一成不变，教育者必须用心血和智慧做教育才行。有教育理念的教学"辛苦并快乐着"，单纯的知识教学"倦怠并沉重着"。

教师文化是一种具有无形压力的文化，说它无形就是说它不是考勤、不是检查、不是打卡签到，甚至不是奖罚，而是使教师扛起责任，产生追求至善的欲望，养成职业的自尊心和荣誉感。学校可以通过教研会、质量分析会、教学观摩会等多种形式营造出无形压力。有形压力可能是摧毁力，无形压力是动力。

建立起和学生的亲密关系及与家长的和谐关系也是教师文化的重要内容。有的老师话不多却很温暖，在学生心里的形象是温和的而不是冰冷的；有的老师严格管理、时有惩戒，但从不伤害学生，甚至让学生有一种"打是亲骂是爱"的亲近感；有的老师铁面无私，批评尖锐却从不刻薄讽刺，让学生又怕又敬；有的老师与家长关系密切，但不亲狎；有的老师对家长谦卑低调，但不奉迎；有的老师干板刚正，但对家长绝不傲慢。这些教师所表现出来的教育态度和行为举止才是教师文化的体现。

有了好的管理文化和教师文化，就会有好的学校文化。

（2021.5.17）

一本家家难念的经

一、救救父母

"要叫谁家不安宁，给他一个中学生。"一位年轻朋友跟我聊到了孩子，撂出了这么一句话。紧接着是一句网络流行体：生孩子难，养孩子更难，教育独生孩子难上加难。朋友的苦衷一泻而下：为了让孩子在同学间有面子，他们节衣缩食，为孩子买名牌和奢侈品；为了孩子的学习，他们从干瘪的钱袋中掏出了羞涩的银子送孩子到社会补习机构上课；为了陪读，妈妈离开了工作岗位……为了孩子，他们做了能做的一切。孩子到了初中三年级行为乖张、脾气暴戾，爸爸妈妈在孩子面前噤若寒蝉，怕哪句话惹孩子不快，怕哪件事触了孩子情绪。朋友叹了口气又说："家里老人说政策放开二胎了，要赶紧再生一个。能生吗？一个孩子都这样焦头烂额了。"听着朋友的话，脑海里不知怎么就涌现出那个《超生游击队》的春晚小品：一对农村夫妇为了生出儿子来，拖着三个女娃离乡背井逃到城市去生活。短短二十几年光景，世道变了。从"不让生"到"不想生"，计划生育的决定权不知不觉地从政府手中转到了有生育能力的年轻夫妇自己手里。

　　许多父母认为有了孩子就要让他享尽幸福生活，让他一帆风顺、不受风雨、不遭磨难。但生存的世界里，哪会没有不测风云，哪会没有背叛负义，哪会没有流言八卦；养育孩子不是为他寻找避风港，不是为他搭筑安乐窝，而是让他有坚硬的翅膀翱翔蓝天，有利矛锐箭披荆斩棘。除了不让他在稚嫩幼年受到一蹶不振的伤害，应该让他品尝饥饿、懂得困难、知道绝境。但知易行难，即便最清醒的父母也很难拿捏好分寸，往往会放大了人性的柔软部分，把舐犊之情变成了宠爱，把人性的缺点——攀比、炫富掺和到父爱母爱中。人出身不同，有贫有富，望子成龙的企盼却是一样的殷切！但父母们心中的"龙"却不相同：是心想事成？是风调雨顺？是高高在上？是四海之滨皆为王土？都不是！龙只是人中之杰，他用品性服众，他用能力治世，他有救天下苍生的善良，他有棋看全局的眼光，他有"先天下之忧而忧"的抱负，他有一往无前的执着和勇敢。在此等人物中，即便二流三流也是百里挑一的人才。"万千宠爱在一身"是这一代父母身不由己的育子通病。有的父母虽然很清醒，但当看到儿女委屈的泪水时，当面对儿女哭闹撒娇时，当感到儿女春风满面时，或者当自己占有欲膨胀时，当潜藏的"人上人"的等级意识找到出口时，当苦尽甘来的享乐思想泛滥时，就将子女成长的法则置于九霄云外。家有穷有富，但对子女的呵护是一样的宝贵！但爱是不能聚焦的，聚焦了，就会成为孩子不能承受之重；聚焦了，就有可能让孩子成为纨绔子弟和败家子。现在的许多贫寒家庭养出了"富二代""巨婴"多因为此。

　　教育子女难，这个"难"，父母是主要的制造者：如果在呵护孩子的时候知道让孩子与家庭同甘共苦；如果在督促孩子读书的时候也监督孩子养成良好的生活习惯；如果父母知道多读多练的认知规律的同时，也知道善良和品德可以促进学习动机的生成；如果父母知道减少贫穷给孩子带来的困难，也知道简朴和节制可以强化学习的志向；如果父母让孩子知道挣扎进步艰难的同时，也使其知道"王侯将相，宁有种乎"的豪迈雄心。教育子女也就没那么难了！

教育儿女难，教育父母更难，救救父母！

二、再富不能富孩子

不知从什么时候开始，"再穷不能穷教育，再苦不能苦孩子"成了至理名言。前半句倒是政府和社会理应秉持且尚需认真落实的口号，但后半句却对家庭养儿育女起到了错误的引导作用。贫寒的家庭不可能让儿女锦衣玉食，当贫寒家庭的父母保护孩子的心灵不受到蹂躏伤害，接受尽可能完整的良好教育，让孩子承认贫寒但不鄙视贫寒、不甘于贫寒时，贫寒会成为一种教育优势。2018年云南会泽县一位名叫崔庆涛的同学在建筑工地上收到了邮递员送来的北京大学录取通知书，崔庆涛的父母经常在外打工，作为留守儿童的崔庆涛从小就帮助大人打理田地、打工挣钱补贴家用。父母养家不易，通过努力学习改变命运成了他的不竭动力。无独有偶，河南柘城县张晨阳同学出身农民家庭，父母患病，生活极度困难。但张晨阳同学却立下了"要更努力地学习，让我们一家过上最好的日子"的信念，以680分的成绩被清华大学录取。曾国藩家族两百年长盛不衰，勤俭是最重要的传家之宝，曾国藩曾写下十六字箴言：家俭则兴，人勤则健；能勤能俭，永不贫贱。曾国藩多次申明："仕宦之家，不蓄积银钱，使子弟自觉一无可恃，一日不勤则将有饥寒之患""凡世家子弟，衣食起居，无一不与寒士相同，庶可成大器。若沾染富贵习气，则难望有成"。

中国历来不乏把道德和人性对立起来，让人们丧失对道德的信任和追求的道学家们，这使得道德准则和教育原则被一些家长看作是迂腐和虚伪的，从而也会影响孩子人格的成长和道德智慧的完整性。贫穷对孩子的求学之路造成了诸多阻碍，但"发奋图强""穷则思变"却是穷人子弟的天然优势。而地位的优越感和财富的优越感也会成为富家子弟的成长包袱。

让我们发出新的呼吁"再穷不能穷教育，再富不能富孩子"。

三、中、美、日三个教育报告

我曾看见过流传很广的《中国高考状元调查报告》，报告对状元的地域、性别、中学学校声望、出身阶层以及状元们青睐的本科专业做了统计分析，甚至状元的姓氏和名字的使用率都以表格的形式进行呈现。我不想对报告在教育领域的学术意义做什么评论，只是对报告所表现的学术关切感到不安。这份报告看不出在解决社会弊端和社会矛盾中教育的引领和针砭作用，倒是让我们感到了应试教育向素质教育转变中的复杂和艰巨。

《科尔曼报告》是一家民间研究团队提供给美国国会的一份教育报告，报告研究的问题是黑人及少数族裔的学生存在学习差距的社会原因，报告历经了两年的调查，对四千多所学校、六十多万学生做了大数据的调查研究。报告得出的结论是"社会经济背景对不同社会阶层的学生有不同程度的影响"，并指出社会经济背景好造成家庭教育好，家庭教育好给子女带来自信才是直接原因，而"黑人和少数族裔缺乏一种改变和控制自己前途的自信，他们普遍认为自己社会地位太低，环境过于强大，不可能通过教育来改变命运"。

《科尔曼报告》指出了一个教育真理：雄心壮志最为重要。有了雄心壮志才可能有不辍的努力，才可能有个人最大化的学业成绩。

《史记·陈涉世家》记载：陈涉少时，尝与人佣耕，辍耕之垄上，怅恨久之，曰："苟富贵，无相忘。"佣者笑而应曰："若为佣耕，何富贵也？"陈涉太息曰："嗟乎！燕雀安知鸿鹄之志哉！"一群佣耕的粗鄙之夫，只有陈胜有鸿鹄之志，于是便有了风起云涌、波澜壮阔的第一次农民起义。

日本人三浦展在《阶层是会遗传的：不要让你的孩子跌入

"下流社会"》一书中揭示了父母的生活习惯与孩子成绩之间的微妙关系：成绩好的孩子，母亲比较有条理、又有趣；成绩好的孩子，母亲通常是有计划且工作利落的人；父亲越认真、越有条理、越有礼貌，孩子成绩就越好。成绩不好的孩子，饮食状况也比较混乱。书中给出的建议并强调父母唯一能努力的是：设法改变孩子的生活习惯！

报告所指的下流社会是指广大的中产阶级下层不思进取的群体，有人列出了这个群体的特征性表现：整天待在家上网，只想轻松过着每一天，随心所欲只做自己喜欢做的事，凡事嫌麻烦，个性散漫等。报告强调了父母的生活状态和生活习惯对子女学业的重要影响。

让孩子不跌入下流社会，首先要让自己不跌入下流社会！

大同世界很远，贫富差别依旧存在，教育子女的原则恒久：坚定执着之志向、独立自主之精神、勤勉生活之习惯、善良为本之操守。

论家庭教育现代化

但是你们——所谓"你们"，我通常指的是母亲以及父亲——不仅仅对精神病学家是一个麻烦，你们对整个社会而言也是最大的问题。你们处于最重要的战略位置，比任何其他公民群体都更能决定我们国家的发展，你们是连接过去和未来的纽带。在社会发展缓慢以及人类社会处于停滞状态的时代，每代人变化甚微，因此父母的任务相对简单。他们只是将自己从父母身上学到的东西传递给子女。今天我们生活在人类社会的关键时期，社会环境、道德观念和日常生活方式日新月异。你们身为父母，一只脚还踩在过去，而另一只脚已步入未来。

——德雷克斯

一、家庭教育列入了国家议事日程

20世纪后期，"家庭教育"在中国开始受到越来越多家庭和学者们前所未有的关注，需要指出的是它发生在中国几千年历史上从未有过的物质极大丰富时期。习总书记把握千年之变，着眼于提升民族素养和推动人类发展，洞察"差序格局"的中国文化传统，站在社会治理的高度，在不同场合、不同时间再三强调了家庭教育的重要性。他的"三注重"（注重家庭、注重家教、注重家风）的重要指示，让执政者从治国平天下的政务中回到了修身齐家的初心。几年来国家多次出台相关文件，中国共产党第十九届四中全会发布了《中共中央关于坚持和完善中国特色社会主义制度 推进国家治理体系和治理能力现代化若干重大问题的决定》（以下简称《决定》）。《决定》被称为中国宏伟的第五个现代化蓝图，《决定》指出"构建覆盖城乡的家庭教育指导服务体系""注重发挥家庭家教家风在基层社会治理中的重要作用"。家庭教育进入国家层面的战略决策成了新时代的鲜明标志。

"现代化"是中国人的百年梦想，从清朝洋务运动提出"自强、求富"到孙中山先生的《建国方略》，中国人上下求索了半个多世纪。直到1964年12月，周恩来总理在第三届全国人民代表大会上，代表党中央明确提出了中国要实现四个现代化（农业现代化、工业现代化、国防现代化、科学技术现代化）的宏伟目标，中国的现代化从此拉开了序幕。1975年1月周恩来总理在第四届全国人大第一次会议上重新明确了"四个现代化"的宏伟目标，并在政府工作报告中指出，要在20世纪内，全面实现农业、工业、国防和科学技术的现代化。1983年，邓小平同志为景山学校题词：教育要面向现代化，面向世界，面向未来。面向现代化在"三个面向"中位于首位，是邓小平理论的主要内容。又经过了半个多世纪的时间，在中国共产党的领导下，按照既定的时间表，基本完成了脱贫任务，成为世界第二大经济体，中国到了从物质文明迈向精神文明的历史拐点。

如果说物质文明是四个现代化的主要诉求，那么实现精神文明则是第五个现代化的主要内涵。物质从匮乏到富足，需要科学技术的发明和创新；精神变旧貌为新颜，则需要克服观念的定式和惯性。前者是"立"的过程，后者是既"破"又"立"的过程。在这个意义上说，实现第五个现代化比实现四个现代化更艰巨、更复杂。

习近平总书记在中纪委六次全会上指出"领导干部要把家风建设摆在重要位置"。2013年10月，在同全国妇联新一届领导班子成员集体谈话时，他语重心长地说："千千万万个家庭的家风好，子女教育得好，社会风气好才有基础。"2015年春节团拜会上，他又强调说："不论时代发生多大变化，不论生活格局发生多大变化，我们都要重视家庭建设，注重家庭、注重家教、注重家风。"习总书记的话有以下几个重要的基本点：①家庭教育是领导干部的重要必修课（理政之念）；②家庭教育是治世的基础（治国之本）；③家庭教育不是风过树静的短期化行为，而是一个不因时境变迁而变化的社会文化传承（国家长久之策）。重视家庭教育，习近平总书记表现出了把握政治和经济之变、顺应文化和民心之需、谋划社会治理大局、求获人类最大发展的深邃眼光。

家庭教育问题既是关于教育的学术问题，又是关于人类文化和人类发展的问题，还是社会的治理问题；既是中国面临的问题，又是全球人类特别是发达国家和社会面临的问题。西方发达国家对家庭教育的学术研究做得比较好，是因为他们较早地达到了物质文明，优质教育的需求（包括家庭教育）提前摆到了面前；还因为脑科学、精神科学等研究成果提供了科学的理论支撑。但家庭教育仍然是他们没有解决的突出社会问题，这说明好的学术理论要改造社会必须有良好的社会治理体系。家庭教育的现代化必须从国家层面上布局，学术层面上引领，社会层面上推动，才会发挥出应有的作用。

家庭教育现代化作为社会治理体系和治理能力现代化的一部分，有赖于行政力量扎实有效的支持。整个过程要把握和突出"教育性"这个关键。习总书记在上海考察时指出："坚持行胜于言，在落细、落小、落实上下功夫。要注意把社会主义核心价值观日常化、具体化、形象化、生活化。""三落四化"原则，不仅是讲究行政工作缜密、认真和实效，更是抓住了家庭教育中"教育性"的本质。家庭教育现代化要落实在创造性的执行上，而不是官僚行政化的走过场，或者是比葫芦画瓢的文件和标语，陈建翔[1]教授称"那就是假大空的'家庭教育'，那就是日益膨胀的'教育泡沫'"。这种现象不仅是源于浮夸的行政之风，更是对家庭教育的漠视和无知。所以，加强对全社会家庭教育观念的宣传和普及，甚至是启蒙，当是家庭教育现代化的首要任务。而对于相应的社会组织配套工作，学真知、下真功、谋真招才是最具智慧的执行力的表现。家庭教育现代化具有长期性、复杂性、深刻性和艰巨性。

二、家庭教育现代化的意义

什么是家庭教育现代化？

家庭教育现代化就是把建立在人类历史经验基础上的人文理论，发展为充实了心理学、脑科学、神经科学等新领域研究成果的"人文+科学"理论，从而把"家庭教育学"建设成为教育领域内自成一家的独立体系。家庭教育现代化就是要在父母心中建立起正确的家庭教育观：它不是讲座中学习了十八般武艺的知识性普及，而是观念的更新和进步；它不是晓其术，而是悟其道。家庭教育现代化就是把优秀文化传承和新的"人文+科学"，通过政府的社会性运作，实现整体社会文化水平的提升，使小众家庭变为大众家庭。从而实现教育从经济、资源的公平达到文化的深度公平；家庭教育现代化，就是从社会治理的源头入手，把家庭教育作为治理社会的强大软性力量，带动"全民学习""终身学

---

[1] 陈建翔：北京师范大学教育学部教授，家庭教育专业博士研究生导师。主要研究方向有教育哲学、家庭教育、教育美学等领域。主要著作有：《教育美学思想录》《家教新主张》《孩子的爸爸去哪儿了——父性教育四堂必修课》《教育哲学对话》《新教育：为学习服务》等。

习"，让"以德治国"的理想由此变成长治久安的现实；家庭教育现代化就是要让父母明白：改善家庭教育最重要的不是向外、向书本的"学习"，而是父母向内的自我挑战。教育父母才是家庭教育的主要指向；家庭教育现代化就是让"家庭教育乃国家发展、个体生命的头等大事"成为教育工作者、执政者、学者、父母们的全社会共识。

什么是教育？家庭教育的特殊性及在终身教育中的特别意义是什么？家庭教育怎样实行升级以实现现代化？必须把其中的道理普及给更多的父母。

许多人甚至许多学校教育工作者认为教育就是知识技能的传承，应试教育就是这种认知更加极端化的产物。于是教育的目标就窄化为知识的目标，教育的方法就简单化为讲授或说教，教育者的"知行合一"就变成了"本本主义"，教育者的身份就由园丁变成了木匠。日本教育家铃木镇一说"培养成为不理想的人是因为采用了不理想的教育方法，培养成为不会的人是因为被不会的人所培养"，用教学去做教育，是目前教育者中相当普遍的混沌的职业观。

在负有家教责任的管理部门和机构那里，他们的工作多是些家庭知识性的普及内容（讲座、答卷、竞赛活动），他们缺少对家庭教育的深刻性、个人专业能力不足应有的认识，局限在浅显的知识层面。日本著名心理学家和教育家藤永保曾描绘过20世纪90年代的日本："令人感到遗憾的是，所谓教育只不过是学校把孩子召集起来，使用教科书或其他一些教具，以老师为中心进行整齐划一的满堂灌。即使在家里，父母也模仿着学校的方法进行教育。因而一说到家庭教育，马上就会想到去找一个家庭教师让孩子拼命学习，即使不请家庭教师，也要让孩子进私塾，以为这样的教育就是家庭教育。也就是说家庭教育就是使学校教育更加有效化和小型化。"现在的中国，很多父母成了教师校外的代庖：监督孩子学校之外的作业，为孩子制订学习计划，把开始知识学习的起跑线提早，把学习的时间延长，把学习的资料加重，禁锢孩子的自主成长。他们不知道或者是不相信乐学是学习的持久动力，会学是学习的最优途径，坚持学是学习中必须的量变积累。不知道或者是不相信知、情、意的配伍关系以及情感、意志在智力发展上是不可或缺而不是可有可无的作用。

教育的过程大都是在细节小事和无意识中完成的，教育常常发生在"听为虚，见为实"的生活中。所以目染比耳濡重要，身教比言传重要。不少贫寒的家长节衣缩食、克勤克俭、忍苦负重，他们把"宠"当作"爱"，把"苛"当成"严"，把自己的夙愿当作孩子的方向，把问心无愧等同于父母的尽心尽责。把用自己的艰苦换取孩子的享乐、满足孩子尽可能多的愿望当作家庭教育的投入，这种情况往往带来适得其反的结果（穷家庭养出"富二代"的现象）。

不少人对西方的自由思想一知半解，就把它当作育子的圭臬，视放任、纵容、娇惯为张扬个性，淡化了孩子成长期间应有的约束和规则意识（不排除一些家长逃避陪伴、推卸责任的解脱心理）。马卡连柯[1]说"意志——这不单纯是欲望和欲望的满足，这还是欲望和制止、欲望和拒绝的同时并存"。对这一问题，藤永保在《幼儿的发展和教育》中指出："在美国过去的25年间，对孩子的管教方法有自由放任的倾向，而这倾向越来越普遍化。父母和孩子一起生活的时间变得越来越少。"在日本和美国早就出现的家庭问题，我国正在发生。当物质文明和家庭结构的相似环境出现于不同制度的国家中，会发生相似的文化现象和社会问题，它和意识形态没有太大关系。这就是"经济基础决定

---

[1] 马卡连柯（1888-1939），苏联教育家，作家。主张学校应该培养有政治觉悟、有高度责任感和荣誉感、遵守纪律、朝气蓬勃的社会主义社会的成员。坚信人的可教育性，提出尊重与要求统一的教育原则。论述了在集体中、通过集体和为了集体进行教育的原则和方法。倡导结合劳动进行教育。强调纪律教育。著有《教育诗》《塔上旗》《父母必读》等。

上层建筑"。

家庭教育是人类社会产生后延续下来的文化现象。为什么我们今天才提出"现代化"？中国从奴隶社会到封建社会再到现代社会，国家的体制和结构虽然发生了更替，但经济发展水平一直处于物资相对匮乏的历史阶段，图生存、求温饱一直是人们的主要诉求。对家庭教育的强烈需要是在物质需要被满足基本实现之后，人们提出的更高层次需求，这是其一。其二是科学的进步更多地揭示了人类成长的自然奥秘，比如说0～3岁是大脑在子宫外的重要发育期，所以说早期教育可以被视为"先天"的成长。精神胚胎发育期、敏感期、吸收性心智等观点无不靠科学的支撑。

家庭教育现代化可以更加有深度地解决教育公平问题。近年来，党和政府把教育公平作为重大的教育政策，均衡了贫富地区、城乡之间在教育条件上的差异。法国著名社会学家皮埃尔·布尔迪厄把资本分为经济资本、社会资本和文化资本。政府行为可以弥补贫富在经济资本甚至社会资本上的落差，但文化资本却不能通过外部的支持而被迅速改变。教育公平在深层次上存在着不小的鸿沟，文化资本的差异使家庭教育具有代际传承性，这是在东西方都存在的问题。哈佛学者鲁道夫·谢弗在《母亲的使命》中指出："一个母亲一天之内为她的孩子所做的各种各样的事情（从擦鼻子到摇床，从哺乳到轻斥）可以看出其范围之广，实在令人吃惊，如果再从这些行为中任意挑出一项来考究不同母亲之间的差别，则可以发现，在表达方式、情感强度、发生频率等方面，由于受到文化、阶层、环境和个性影响，存在显著的差异。"家庭教育现代化从对父母亲的再教育入手，着眼于孩子的早期教育，将会为实现教育的深层公平找到更好的着力点。

三、家庭教育现代化的问题和思考

在传统文化中，许多关于家庭教育的真知灼见至今都有现实的指导意义，如"蒙以养正，圣功也""勿以恶小而为之，勿以善小而不为"。但社会的发展变化给家庭教育提出了新的课题，例如：①养育子女的生计问题解决以后，怎样进行家庭的新文化建设，以满足日益增长的家庭教育需求？②怎样应对家庭少子化结构及其他因素的出现造成的传统家庭的瓦解？③怎样应对在困窘生活中成长起来的父母与在衣食无忧中长大的子女之间的代际关系？④在家庭教育现代化的过程中，怎样驱逐或规范受利益驱使的商业化行为？⑤怎样建立现代化的家庭教育体系，使其达到独立化和普及化？

有资料统计，城市家庭对子女教育的投入占到了全部家庭收入的1/2到2/3，表现出了几乎是孤注一掷的热情。在这里我们不是讨论投入的合理性问题，是想指出家庭教育在中国家庭中占据着多么重要地位的问题。这也在一定程度上表明父母为生计而奔波、为衣食而愁苦的日子，为养家而殚精、为糊口而竭虑的岁月已经过去；爸妈们为读书而操心、为教育而苦恼、为成才而不安、为成功而焦虑的年代已经到来。

"不论时代发生多大变化，不论生活格局发生多大变化，我们都要重视家庭建设，注重家庭、注重家教、注重家风。""中国特色社会主义进入新时代，我国社会主要矛盾已经转化为人民日益增长的美好生活需要和不平衡不充分的发展之间的矛盾。"良好的家庭教育就是人民日益增长的美好生活需要，家庭教育现代化就是解决发展之间矛盾的良方。习近平总书记的话让我们看到了人民政治家的初心和社会学家的远见。民生问题和社会建设在当下具有重要的政治意义，它应该在相当长一段时间内成为执政者的关注点。

家庭教育现代化初期，管理机制还不成熟，学术力量还很薄弱，专业化教师队伍也不到位，家庭、学校、社会三种专业化教育的力量还需要学校的平台孵化。目前，家庭教育指导师多是各中小学校的兼职心理老师，心理学对家庭教育的理论起着强大的支撑作用。心理教师是离家庭教育专业教师最近的学科教师，在一段时间内加强对心理教师的家庭教育专业化培训，应该是建立家庭教师专业化队伍的最好举措。

除了心理教师之外，还应该加强对全体教师的相关理论培训，引导教师营造亦师亦父的亲密信赖关系。弗洛伊德的教育思想中有一个"同一化"原则，如果把父母和教师的同一化程度看作一个指标的话，那么同一化程度越高，教育教学效果越趋向最大化。当然，这也应该是师生关系的道德标准。

中国人常说，"人的命，天注定"。"天"不是虚无的，它不仅是父母遗传的基因，也是父母营造的家庭文化，这对人的一生起着难以替代的作用。改变自己，成就孩子。就要改变家庭文化，改变父母因原生家庭和自身阅历铸成的缺点和定势。父母的修身之法就是最好的家庭教育之法，修身才能教子，教子才能齐家，才能治国平天下。现在家庭教育的最大问题不是父母家庭教育知识和技能的欠缺，而是父母对代表世界观的言语行为、代表价值观的举手投足、代表人生观的喜怒哀乐，缺少自省能力的认知，影响孩子的紧迫感和脱胎换骨的意志力。

少子化的家庭结构、城市化的新邻里关系、民主化的庶民意识使传统家庭发生解构，也瓦解了父母和子女之间原有的教育关系。苏联著名教育家马卡连柯指出："可以肯定地说，教育独生子或独生女要比教育几个孩子困难得多"，"独生子女成为家庭的中心，集中到这一个孩子身上的父亲和母亲的关怀，往往会超出有益的范围，在这种情况下，父母的爱在一定程度上带有神经质"。这几年"富二代""巨婴症"现象，多是发生在独生子女家庭。就像人需要爱一样，也需要爱亲人、爱社会，所谓的悲悯之心皆出于此。正是后者的需要才使少子家庭中的父母出现了不由自主的过度爱。陈建翔教授提出了中国家庭教育的"复归"问题：家庭教育要归位，教育要归本，爱要归真，家庭要归和，孩子要归自己，人心要归道。说得极其中肯。防止放纵与溺爱和防止严苛与疏离一样重要，它是家庭教育的重要原则。

现在家庭中的代际关系是千百年来最特殊的代际关系，开天辟地以来，家庭里两代人甚至三四代人都生活在相似的政治、经济、文化、社会环境中（尽管这样仍然存在着代际冲突）。现在的家庭却是父母亲成长在一个艰苦、困难的时代，而子女是在衣食无忧的小康之家甚至富裕之家长大的，两个世界造就了世界观、人生观、价值观迥异的两代人，而这两代人却生活在一个狭小的时空中，因为没有共同的话语体系，才产生更多的冲突和矛盾。所以，让父母学会倾听、学会交流、懂得自省、懂得尊重至关重要。

家庭教育都说重要：有人云亦云的，有不得要旨的，有盲人摸象的，但确实有很多很多人或显或潜的意识中并没有重视起来。自古以来人们都是在不懂婚姻时走进了家庭，不懂教育时拥有了孩子，不懂处世时走入了社会，结婚生孩子，生孩子当爸妈，薪火相传，天道如此。惯性常常使人们忽视司空见惯的东西。这和家庭教育至今还没有形成成熟完整的体系以及没有取得强大的学术地位有关。中国家庭教育的专著甚少，20世纪20年代陈鹤琴出版了《家庭教育》一书，得到了陶行知先生"愿与天下父母共读之"的赞誉，但并没有召唤来更多的学者从事家庭教育研究。苏联教育家苏霍姆林斯基[1]之前就指出："家长教育学，即父母关于怎样培养子女成人的初步认识，是整个教育理论和实践的基础。"近一个世纪已经过去，今天到了开发"家长教育学"（整个教育理论和实践的基础）的时候了，这是家庭教育工作者必须完成的使命。

实现家庭教育现代化要把注重家庭建设放在重要位置，互相

---

[1] 苏霍姆林斯基（1918—1970）：苏联教育家。强调普通学校教育的目标在于培养全面和谐发展的人，重视劳动的教育作用。著作有《把整个心灵献给孩子》《学生的精神世界》《巴甫雷什中学》《给教师的一百条建议》等。

尊重互相帮助的夫妻关系，充满欢乐充满爱的日常生活是实施家庭教育的出发点。家庭建设是家庭教育的基础，家庭建设好了，孩子不会差到哪里去；家庭没有建设好，即便有好的教育，孩子的成长也会受"天花板"所限。铃木镇一非常强调培养孩子能力的最重要条件就是要有一个好的家庭，他认为良好的家庭环境不仅能培养孩子的善良，更能培养孩子的敏锐感觉。

四、家庭教育现代化的构想

第一，家庭教育现代化要设置专门的管理机构，家庭教育既要齐抓共管，又不能政出多门。家庭、学校、社会齐抓共管可以凝聚成社会共识，合成强大的社会力量，但若没有专门的管理部门聚精会神地专注于这份事业，齐抓共管就会出现"管流于形式，管限于浅表，管重于知识，管浮于声势"的弊端，一定要避免都来管又都不管的情况。建议教育部设立家庭教育司主管这项事业，国家文明办、妇联、关工委多个部门分工配合，在一抓多管的机制下，齐抓共管出家庭教育的繁荣局面。

第二，建议集中全国优秀相关学者，成立家庭教育学术委员会。家庭教育不仅要建立一支具有专业素养的教师队伍，还要有强大的专业学者和科研队伍。近几十年来，国外家庭教育研究在脑科学、精神医学、心理学、教育学等相关学科有诸多进展，取得了让人兴奋的研究成果。华东交通大学母亲教育研究所所长王东华先生的《发现母亲》一书打破了中国家庭教育的沉寂状况，受到了读者和学者的广泛好评，该书出版十余年畅销不衰。王东华先生代表了正在走强的中国家庭教育学术群体。家庭教育学术委员会为家庭教育提供理论指导，集合学术力量，繁荣学术局面，为推动家庭教育现代化发挥重要作用。

第三，建议把"家庭教育"设置为二级学科，形成"家庭教育"的课程体系。近十年来虽然不少大学的教育专业开发了"家庭教育学"课程，但因为缺少完整的课程体系支撑（多为选修课），缺少教育影响力和学科吸引力，对家庭教育的纵深发展推动不大。家庭教育必须作为一个实实在在的专业设置，形成较为完整的课程群，例如婴幼儿心理学、青少年心理学、脑生理科学等。

第四，开发家长教育学，家长教育学不同于家庭教育学，虽然只有一字之差，内涵却大相径庭。"家长教育学"的教育指向是家长，"家庭教育学"的教育指向是学生。后者是教育，前者是再教育，用马卡连柯的话说"再教育和改造——这项工作非但更困难，而且是痛苦的"。苏霍姆林斯基早在半个世纪前就提出了家长教育学这个概念，并且在他终其一生的帕夫雷什中学进行了成功的实践，他提出的三十九条家长教育原则，可以分为三类：第一类，了解儿童各年龄阶段的身心发展特征。第二类，了解儿童的认知、情趣、情感、道德特征。第三类，父母和孩子的教育关系及教育艺术。苏霍姆林斯基的家长教育学，在夸美纽斯[1]的《母育学校》中也有过相似的详细描写。

第五，大学开设家庭教育专业，中小学开设"家庭教育"的选修课程，社会开设家长教育学校、母育学校、婚姻学校，把终身教育的大戏放在家庭教育的戏台上去唱，从而带动全民终身教育。

第六，要把早期教育作为家庭教育的重头戏来抓，许多学者都倾向于这样的观点：如果孩子在6岁前得到了正确的教育，培养出一定的积极性和克制的习惯，再进入学校教育，就会少出现问题。英国哲学家罗素就说：儿童之品行在6岁入学前，已大部完成。胡适也说：一个人小的时候最是要紧，将来成就大圣大贤大英豪大豪杰，或是成就一个大奸大盗小窃偷儿，都在这家庭教育四字上分别出来。研究胡适的专门学者唐德刚就说：胡适晚年的

---

[1] 夸美纽斯（1592—1670）：捷克教育家。抨击中世纪的学校教育，号召"把一切知识教给一切人"。提出统一学校制度，主张采用班级授课制度，普及初等教育，扩大学科的门类和内容，强调从事物本身获得知识。主要著作有《母育学校》《大教学论》《语言和科学入门》《世界图解》等。

思想与他中、少年时期的思想简直没有什么出入。要把0—6岁的早期教育划入到正规教育的体系中，变为国家承认的母育学段，母亲（或其他人）享受应有的工作待遇。

美国教育心理学家布鲁纳认为：决定一个社会优越性的基准是"这代人对下代人的关心程度。从这个基准来看，强调自我的国家，即英国和美国是这些被调查的国家中最次的"。按照布鲁纳的观点，中国的家庭教育有中国的优势，我们当好自为之。

习近平总书记说家庭是社会的细胞，家庭和睦则社会安定、家庭幸福则社会祥和、家庭文明则社会文明。实施家庭教育现代化之时，就是这个和睦、幸福、文明的优越性社会的到来之日。

教师的职业观

职业观既反映着职业人的职业共性，又因为个人对职业的认知，职业操守、职业道德中的自我约束能力以及个人的性格、习惯、理想和追求的差异，有着千差万别的表现。我们不可能消除这些差异，但力使教师们的职业观有相对的最大重叠性，这是建设优秀职业队伍的重要任务。

任何时代和社会，职业地位反映着从业人员的素养。用这个标准看，教师群体并不是最为优秀个体的集合，多年来政府一再强调提高教师的地位，就意在从根本之处着手，树立起教师的主流职业价值，达到提升教师职业素养的目的。职业观对职业发展与职业成功有重要影响，所以我国的师范教育应该把建立正确的、初步稳固的职业观作为最重要的使命。当然职业观的形成不会一蹴而就，会随着职业阅历而逐渐成熟和丰满起来。

一、职业与事业

职业履行着社会的某种职能或服务功能，在社会结构中具有不可或缺性。它不以逐利为目的，不参与市场交换，有自己的职业道德和规范。职业和行业都兼有表示身份的含义，而事业却没有。比如可以说"我是教师""我是医生"，不能说"我是教育""我是卫生"。教师是职业，教育是事业，事业承载着文化传承和文明发展的重大使命，具有更高的道德标准和学术要求；事业既要关注社会当下的需要，具有现实性，还要着眼于人类和国家的未来，具有前瞻性。

教师要遵守职业规范，去追求事业的崇高，这是教师的职业宿命。于是约束（职业操守、职业规范）和自由（心灵与心灵的碰撞、智慧与智慧的放飞），传统（文化的继承、经典的传接）和创造（知识的发展、观念的出新）铸就了教师的职业性格，于是"学高为师，德高为范"就成了社会衡量教师的尺子。

教师既是社会性程度最高的岗位之一，也是最为孤立隔绝的职业之一。这是超越了意识形态和国界的教师职业的文化特征。教师的职业观可以用"顶天立地"去形容：站位低，立足于基层；精神要伟岸，能经受住道德的拷问和仰视。

二、教师的职业观

世界观、价值观、人生观（简称"三观"）对职业观有强烈的导向作用，是职业观形成的基础，职业观是"三观"的职业化表现。职业观是形而上的东西，可以用形而下的空间多面体描述它，它的每一面都有着不可替代的特征，这些特征共同构成了职业观的内涵厚度和多彩颜色。职业观有七个主要方面：

之一 教育观

教育和教学是许多学校工作者似乎知道却又感到模糊的概念，教学只是一门技术，教育才是一个大千世界。从走上教学岗位到成长为一个教育者，完成这个角色的转变还有一段长长的路程。

教育和教学的词义不能模糊，模糊了就会出现重大观念的混乱：素质教育和应试教育讨论了这么多年，学校应试教育的局面改观不大，虽然这主要是因为高考指挥棒的作用，但应试教育、素质教育与应试教学的关系，仍然是许多学校的校长和老师们并不清楚的概念。应试教学是对考试能力的指导，是基础教育阶段素质教育中教学不可或缺的组成部分。但若把应试教学极端化或唯一化时就变质成了应试教育。当学校把知识和技能的传承作为学校的主要任务和责任时，教学必然从教育中割裂出来，应试教育必然成了办学的选择。这在中国、在外国，在古代、在现代是具有普遍性的社会现象，只教学不教育的学校比比皆是。美国《教育周刊》等多家教育杂志的专栏撰稿人奥尔森在一本书中说："即使是这个国家里最受推崇的学校，也没有对这个国家在创造力、想象力和革新力等——任何超越它们正在培养的学生答题技能之上的东西——的积累上做出什么显著的贡献。"学霸如果仅仅是知识的累积者，就不会成为推动这个世界发展的有生力量，只有可以推陈、可以出新的教育新人类才是未来世界的主宰者。

学校历来是两类人在办学，一是教育家，二是教书匠，相比之下前者从来都是少数。但教育家的理想主义永远引导着办学的方向。我们必须有勇气承认，我们的大部分学校（甚至包含许多名校），关注的、谋划的其实是知识技能的教学活动，是学生在作业或考试中的表现（甚至知识技能的学习也仅限在记忆、训练、夜以继日延长时间方面）。教书匠关心的是社会当下的功利性需求，即便这些功利性需求让受教育者失去了中远期的获得。社会大众要的是看得见、抓得住的东西，当社会竞争达到一定的激烈程度，功利性文化就表现得愈加短视和浮躁。不少学校和学校工作者只把教育的理想和育人目标，作为洗白应试教育的口号。这些学校不相信搞真教育会出好成绩，而且是更好的成绩。他们只相信知识的反复讲授和日以继夜的刷题才是真金白银，所以才不去也不敢探索真教育！《论语》说："就有道而正焉，可谓好学也已。"怀特海[1]说"学生学习的主动性与训练都是必要的，但是训练往往会扼杀主动性""有这样一批人，他们被动地一遍又一遍地死记一些互不关联的知识，可能想要以此来强化他们的灵魂。但是，人的心性可不是这样形成的"。认真阅读古今中外有关教育的经典著作，会发现哲人们都强调学校的功用应该是教育而不仅是教学。

之二 格局观

好学校的教育格局应该具备两点：一是学生观。二是"学生为主体，教师为主导"的教学关系。只有真正建立了学生观，才会有"主体—主导"矛盾统一的教学关系。这种提法是截至目前对师生关系最好的定位。"教—学"是一个对立统一的系统，学的途径是受教（受教于师、受教于书、受教于社会等），教的目的是学，教与学是不可分割的可逆互动过程。"教学相长"这个成语，在这里很值得教育工作者和教师们细嚼慢咽。主导角色的要旨是引导而不是教导，教导让主体丧失了自由意识和主动精神。教育改革最大的工程是课堂改革，课堂改革的艰难就在于作为主导者的教师，有意识或下意识地把"引导"的角色演成了"主宰"的角色。化解课堂改革的艰难，必须通过"三合一"的教学方式（自我学习方式、合作学习方式、讲授学习方式）逐渐改变课堂的学习过程，逐渐使学生的学习态度改被动为主动，逐渐唤醒学生的学习兴趣，逐渐生发出创造性思维品质，逐渐舒缓学生的学习压力，逐渐拥有事半功倍掌握知识的能力。三合一的学习方式也逐渐使教师的教学状态改疲惫为积极，把教师从学生可以通过自学、互学能学会的知识中解放出来，让教师把精力放在必须由教师点拨讲授的地方，逐渐享受到挑战的新鲜感和成功

---

[1] 怀特海（1861—1947），英国哲学家、数学家。毕业于剑桥大学。提出了过程哲学。认为自然界是活生生的、有生命的，处于不断创造进化过程中。主要著作有《数学原理》（与罗素合著）、《科学与近代世界》、《过程与实在》、《教育的目的》等。

的喜悦。

之三　情义观

教育的情义观就是教育者对待师生关系的态度，我赞成用"尊师重道"作为建立师生关系的准则。"尊师重道"有两个指向，一个是为师之道：敬业好学、严于律己、乐观包容、视生如子。另一个是弟子之道，"有事，弟子服其劳；有酒食，先生馔"，毕恭毕敬、待师如父。"尊师重道"是一种教育价值，在今天更有着积极的现实意义。这种价值的核心是爱和善。如果说职业都有制胜之道，那么爱和善就是教育制胜的法宝。知识不能教育人，爱和善的行为才能教育人。（出自克里希那穆提[1]）李叔同、夏丏尊都是丰子恺的老师，李先生"温而厉"，被丰子恺称为"爸爸的教育"。夏先生极具耐心和爱心，被丰子恺称为"妈妈的教育"。温也好，厉也好，爱和善都是最关键的"芯片"。赏识教育不等于爱，赏识滥了过头了就是虚伪，就是媚俗，就是缺乏责任感。爱可以唤醒智慧，于漪[2]老师的《教育魅力：青年教师成长钥匙》一书中讲了这么一个故事：以前，我在一所中学做老师，教英语。在我工作的第六个年头，学校来了位刚毕业的大专生（代课老师），是个80后，也教英语（她不是英语专业的）。上课的第一天，她拿着英语教本微笑着走到我的身边，向我请教英语词组much too与too much的区别，我像给学生讲课般的，详细地给她作了讲解。讲完后，我心想，她这样的英语

---

[1] 克里希那穆提（1895—1986），是近代第一位用通俗的语言，向西方全面深入阐述东方哲学智慧的印度哲学家。代表作有《人生中不可不想的事》《重新认识你自己》《爱与思》《唤醒智慧的教育》《教育就是解放心灵》《你就是世界——如何对待你的生命》等。

[2] 于漪：毕业于复旦大学教育系，长期躬耕于中学语文教学事业，坚持教文育人，推动"人文性"写入全国《语文课程标准》。主张教育思想和教学实践同步创新，为推动全国基础教育改革发展作出突出贡献。获"改革先锋""基础教育改革的优秀教师代表""人民教育家"等荣誉称号。著作有《卓越教师第一课》《教育的姿态》《语文的尊严》等。

水平怎么去教孩子们呀！该不会误人子弟吧？以后，几乎每逢备课她都要向人请教一些英语方面的问题。因此，她的形象在我心里每况愈下。一学年代课期满，她自然离开了我们学校。让我感到很意外的是，她班上学生的英语成绩出奇地好。开学报到的那天，她教过的那个班上来了很多家长，家长们围着我问，他们孩子班的英语老师怎么不来了？我跟他们说明情况后，看到他们脸上失望的表情，我心里有种说不出的滋味。家长们告诉我，他们这次来学校，是想要求孩子还放在她班上，说实在的，当时我认为自己是一名有六年教育经验的老教师了，好几次被上级教育主管部门评为"优秀老师"，可是家长们从未给我如此高的评价。后来，我从她的学生那儿了解到，她关心他们的学习，关心他们的生活，和他们一起读书，还经常借书给他看，她就像他们的姐姐一样……听孩子们说着她的好，我越发感到惭愧，我认为自己是一名有经验的老教师，认为自己摸索到了一个属于自己的成功的教学模式，掌握了教学的"窍门"，认为这就是教育教学的高境界，于是就放弃了学习。远离了阅读，也就远离了教育。对于一名老师来说，这是多么危险的事情啊！幸好，我遇到了她，不然我仍执迷不悟，终会成为一个名副其实的教书匠。

一个学历低（大专生）、没有责任压力（代课老师）、功底弱（非英语专业）、没经验（刚毕业）的年轻教师，竟然这么受到学生的追捧和爱戴，取得了这么好的学业成绩，一个最重要的原因就是师生之间的深情厚谊。殊不知勤可补拙，爱亦可补拙！师生之间建立正确的关系，这是教育的一部分，它比只教授学术课程更重要，遗憾的是许多教师意识不到这一点。

之四革命观

革命观是所有职业观中最难获得的职业素养，这里的革命不是暴力，对象不是别人，是对自己不适合职业发展的观念、行为、习惯，以及"三观"中的个人劣根性，进行反思、校正的脱胎换骨的职业过程。因为这个革命是最难的革命，所以课堂改革才举步维艰。课堂改革要有改换教育观念的清醒，要有改变教学习惯的勇气，要有意识到潜藏的陋习和卑下情操的自知之明。

蔡元培先生接任北大校长时发现教员是自己不用功的，把第一次的讲义，照样印出来，按期分散给学生，在讲坛上读一遍，学生觉得没有趣味，或瞌睡，或看看杂书，下课时，把讲义带回去，堆在书架上。等到学期、学年或毕业考试，教员认真的，学生就拼命地连夜阅读讲义，只要把考试对付过去，就永远不再翻一翻了。蔡元培先生批评教员是"墨守其所学，而不能修业问道，增进知识"，希望教员"不故步自封，不墨守旧故，能精益求精，日有所发明"。于漪老师用一生践行着来自于她自己的一句名言："一辈子做教师，一辈子学做教师。"美国一家教育学院的院长亚瑟·莱文公布了一份令人深感震撼的有关美国教师教育质量的报告，他提醒大家注意，教师教育的状况是"一个糟糕的领域，大多数怀抱理想的教师们接受着低质量的教育，这根本不足以让他们为走进课堂做好准备""学校中这个工作的传统架构与文化环境不支持成人的学习——而且由此也就不能成为一个对孩子们也很有利的学习环境"。

没有革命观，学校对教师教育来讲是一个糟糕的地方；有了革命观，学校就是一个充满活力的场所；没有革命观，教学就成了千百遍重复的工作，有了革命观，学校就成了奔腾不息的江河。蔡元培先生的"修业问道"是革命，于漪老师的"学做教师"也是革命。教育部等五部门印发了《教师教育振兴行动计划》，德国也有一个《教师教育标准》，都是着眼于职业革命观的国家政策性文件。《教师教育振兴行动计划》指出用五年左右时间建设一支高素质、专业化、创新型教师队伍，这样一支队伍不具有职业革命观行吗？

之五休闲观

休闲观是教师职业观中能使教师保持职业活力、生发创造精神、发展教育艺术的最重要观点。休闲不是偷懒和散漫，是思考的机会，是精力的发动机，是产生革新和理想的土壤。休闲是思想者的天空和大海。

休闲是一种情趣，有情趣才会滋养精神；才会有面朝大海，春暖花开；才会感受到生命的意义（包含着读书做学问的幸福）。休闲是一种自由，自由才会焕发出主动的精神，才能把压力变成动力，才会有个性的发挥和张扬。休闲是一种空白，空白才能够使人养精蓄锐，才能够使人浮想联翩，才能够使人有鸿鹄之志。

休闲可以由管理者安排，更需要个人"偷闲"。有篇文章《提高效率从拒绝伪工作开始》，职业人身边都有不少伪工作，教师更是如此，伪工作是指琐事、应酬事、可化繁为简的家务事等。拒绝伪工作是节流，偷闲是开源，节流和开源两手抓，我们才能休闲下来，才能仰望星空。

之六敬业观

中国有句成语叫"安居乐业"，现代的词典里有"爱岗敬业"，敬业是自古以来秉承的做人道理，什么是敬呢？朱子说"主一无适便是敬"，意思是全副精力，心无旁骛。庄子说"用志不分，乃凝于神"。孔子说"素其位而行，不愿乎其外"。"敬"中不仅有责任感，也有趣味性。无怪乎孔子说"知之者不如好之者，好之者不如乐之者"。没有敬业观，职业观的所有内容都成了一纸空文。教师中不乏尸位素餐者，他们把教师当成了为稻粱谋的营生，苟且对付。梁启超在《敬业与乐业》一文中引用了孔子的话"饱食终日，无所用心，难矣哉"，并感慨道"人生一切毛病都有药可医，惟有无业游民，虽大圣人碰着他，也没有办法"。人不敬业、鬼神无奈，没有积极的职业观百事无成！

之七课堂观

课堂观首先要有正确的教育观做背景。这个教育观就是相信学生的学习能力。相信学习能力是经过长期的、主动的内化过程成长起来的；相信创造精神的萌芽是经过失败、成功、思悟生发出来的；相信学习能力的成长会使知识技能的拥有成级数地增加。落实课堂观就要坚决地实行三合一的学习方式（自我学习、合作学习、讲授学习），三种学习方式可以根据课堂教材内容进行调节。当讲授换成了三合一的教学，教学才有了更厚重的教育意义，教学技术才进入了教育艺术的境界。课堂观要建立好课堂的标准。它不仅仅是学生接受知识技能的量，更是学习能力的质。头脑在教学过程中要发生电闪雷鸣，电闪就是教师和学生在认知上发生碰撞，雷鸣就是教师和学生在心智上产生共鸣，它照亮了学生头脑里的科学世界和精神世界，它震醒了学生心中的蒙昧状态和混沌状态。落实课堂观，教师要写好"课案"，"课案"是为课堂的活动准备的方案，它包含着学案、讲案和堂案。学案宜粗不宜细，它的作用是告诉学生自学什么，注意什么，思考什么；教师给学生提醒什么，建议什么，帮助什么等；讲案宜精不宜细，讲学生自主学习、合作学习解决不了的生成问题，讲学科思想和学科方法，提纲挈领地讲，举一反三地讲；堂案展示的是教师的教育艺术，在堂案中要构建不同类型的学习情景，把怎样激发、维持学生的专注力和学习兴趣，如何启发学生的团队合作能力和语言交流能力，用心营造一个多元性的开放教学系统，放在课案的高地上统摄全局。

职业观中最重要的是敬业观、革命观和教育观，有了它们，职业观的其他方面没有的会生长出来，弱的会强大起来。教师只是一个没有特别地位的和大家一样带着所有生活问题的普通人，当许多学校注重竞争，追逐着功利的时候，能通过饱满的职业观把教师演绎成世界上最伟大的职业吗？

规范和发展

——民办义务教育的办学方向

2020年全国民办义务教育阶段招生实行了"公民同招、电脑派位"的办法。根据郑州市教育局官方的数据，2020年郑州市区共有28 466名学生报名民办初中学校，比2019年减少5 298人，下降比例高达15.7%。57所民办初中学校中有27所学校具有电脑派位资格，比2019年减少3所。在报名人数低于招生计划人数的30所民办学校中，甚至出现了报名人数只有两位数的现象。教育部这一招生新政，可谓是吹皱了民办教育的一池春水。一边是民办学校从曾经的门庭若市到而今的门前冷落；另一边是大多公办学校人满为患，有的学校大班额现象再度出现，人们可以感受到以公办学校为主的义务教育体系的新格局开始出现。

民办义务教育的办学出路在哪里？怎样办好民办学校？这不仅是教育主管部门思考的问题，也是民办学校办学者热议的话题。

2020年初的全国教育工作会议安排了下一步七项重点工作，关于民办义务教育有8个字的描述：规范发展民办教育。笔者认为，"规范和发展"就是今后民办义务教育的政策方针。

一、规范——建立包含民办教育的教育秩序

近20年来民办义务教育得到了迅速发展，它对缓解这一时期的社会教育需求，建设多元化的教育体系作出了应有的贡献，但是任何新生事物都有从乱到治的发展历程，民办义务教育在发展初期，出现了扩张无序的混乱状态，也对公办学校在义务教育阶段的主体责任形成了很大的冲击。并且使行政化现象严重的学校又发展了商业化和企业化的办学思维。而准入门槛过低、管理失控又使民办义务教育质量下降。一些资料显示，一些省市民办义务教育占比几乎达25%左右。由此看来，规范民办教育的政策出台势在必行。

规范应体现在两个方面：一是数量的规范；二是质量的规范。义务教育是儿童青少年应当享受的重要权利，政府负有义务教育的主体责任。这是超越意识形态，具有普世价值意义的认知。从这一点上来说，公办学校必然承载着义务教育阶段的主要任务，民办教育具有一定的"亲市场性"，所以永远不可能喧宾夺主。义务教育属于基本的公共服务，公益性是其鲜明特征，民办教育的亲市场属性和公益性存在着排斥，所以当它达到了一定的规模之后，限制它的体量发展就成了政府的必然政策。近年来我国对《中华人民共和国民办教育促进法》进行了重大修改。2016年新修订的《民办教育促进法》规定"民办学校的举办者可以自主选择设立非营利性或者营利性民办学校。但是，不得设立实施义务教育的营利性民办学校"。这一规定会有效地阻止逐利性的企业和个人进入义务教育领域，它不仅对民办学校起到抑制体量的作用，而且会保护相对纯净的教育文化。维护学校的教育价值，在这里需要特别强调的是：教育价值与商业化、市场化、企业化存在着难以合一的不相融性。

西方也限制义务教育阶段的私营教育规模，有资料显示，美国义务教育阶段私立学校的学生占比十几年来都在10%上下。在美国，义务教育学校的逐利行为被认为是有悖常规、有悖道德的。

规范还要在提高质量上着力，仅仅着眼于数量很容易流于形式甚至滋生腐败，容易陷于压缩招生计划的简单行为上。民办学校就像货币，不仅要监管它的流通量，以免引起经济的波动；还要把劣币驱逐出去，把良币留下来。规范就要整顿发展初期民办学校的鱼龙混杂现象，制定适当的审批门槛和年审制度，把办学设施、办学者的资质、教师队伍的资格作为民办学校得以办学的前提。

民办学校也要遵守义务教育阶段的公平性原则，这个公平一是指儿童青少年入学的平等权利，二是指学校之间招生政策的同一性。电脑派位较好地解决了儿童青少年入学的平等权利问题；禁止跨区域招生和考试招生则有可能解决学校之间招生政策的同一性问题，这个问题有不小的解决难度，因为一些学校在规范之前通过跨区域招生、考试招生掘得了第一桶金，规范要收回这些既得权益，就得面对较为复杂的矛盾。教育的公平将会激发各个学校之间的良性竞争，解放教育生产力，营造一个百花齐放满园春的局面。民办义务教育发展初期，择校是民办教育相对于公办教育的办学优势，不少民办学校凭借着傍名校的牌子和跨区域、考试攫取优质生源，争得了名校桂冠。有学者一针见血地指出：学校的择校被泛化成了学校优质论。

二、发展——民办教育的动力和方向

规范和发展是把握民办教育政策走向的两个关键词。规范是为了保证儿童青少年的权益，是为了落实政府的主体责任，是为了提升民办教育的质量。发展是承认民办学校的存在对教育的必要性和平衡性。既要讲规范又要讲发展。公办学校是巨轮，民办学校是小船，巨轮和小船共存，各自发挥独特的作用，才能画出教育充满生机、相辅相成的繁荣局面。

规范和发展的目标最后都落脚在教育质量上，民办教育有了教育质量才会具有生命力和宝贵的社会价值，才能得到真正的发展。以前民办教育法和有关文件讲的是"推进"民办义务教育发展，修改后的民办教育法讲的是规范发展，规范防止了发展过程中过度、过快的弊端，同时保护了优质民办义务教育学校的生态环境。但要防止规范失当，要在政策精神下保护民办学校的办学灵活性和办学活力。规范民办义务教育不能造成新的不公平和公办学校的大班额现象。公办学校就近入学的非考试招生政策、公办学校平等分班的原则，应该一如既往地坚持下去，这是公办学校能承担好义务教育主体责任的重要标志。

民办教育有它的历史价值和未来价值。研究发现，民办教育发达的地方多是经济不发达地区，或者民办教育发达的时间多是政府财政困窘时期。多元化的办学主体发挥了不可或缺的历史作用。民办教育较好地解决了人民的差异化需求问题，教育政策的出发点应该是提供较好的公共产品，以满足各群体教育利益的正当需求。而公办学校不能满足个别群体的特殊需求，民办学校规模小、办学灵活，可以针对社会的教育需求问题，制定相应的办学方案，显示出"市场"的优势来。民办学校的管理体制不同，在体量小、市场小的现实面前，具有不同管理思维下的学校制度活力和教育改革先得的经验，还应该看到儿童的发展（包含学业发展、情感发展、精神发展）是学校和家庭共同努力的结果，越来越多的相关学者认为：0~3岁孩子的父母在教育孩子的各项发展中，占着最重要的地位。民办学校根据自身的灵活性可以更好地为家庭提供教育支持，显示出家校融合的优势来。

美国私立学校的规模一般都小于公办学校，从《美国教育统计年鉴》看，美国义务教育私立学校占比在20%~25%，而学生人数却只占10%上下。在我国，据《2019年全国教育事业发展统计公报》统计：民办义务教育学校有1.20万所，在校生有1 632.31万人，占全国义务教育学校总数的5.64%和学生总数的10.60%。民办学校机构数占比（5.64%）低于学生数占比（10.60%）。这种状况反映了我国民办教育初期发展阶段，逐利化动机导致的扩张失控问题。义务教育阶段民办学校的机构数和学生人数的比例失调，会在规范的过程中得到解决。

小规模的民办学校较容易办成精品学校，并凸显出学校的办学特色。应该说小规模、小班化本身就是民办学校的特色，个别化教学，特长发展、优势培育是民办学校的天然优势。民办学校办学规模不宜庞大，否则会失去"船小好调头"的体制优势。

规范讲的是约束，发展讲的是支持，不管是教育主管部门还是民办学校办学者，都要立于世界发展的潮头，站在国家政策的高度，抱着造福民族后代的情怀，通过规范和发展，使我国民办教育作为国家大教育的有机组成部分发挥出应有的作用。

三、质量——民办义务教育的生存之锚

"公民同招、电脑派位"让公办学校、民办学校，站在了同一起跑线上。失去了生源优势的民办学校能不能提高教育教学质量，就成了民办学校的生存之锚。提高教育质量，必须着眼于教育理念，用心构建教学体系，改革课堂教学，重视师生的教育关系，打磨优秀的教师队伍。

办好学校要把教育思维放在首位，淡化管理思维。教育部颁布了《中小学教育惩戒规则（试行）》，需要提醒的是《规则》保护了教育者的合法权益，但它仍然是教育过程中的最后手段。校纪班规是教育者的底线思维，是对顽劣学生屡教不改后的教育惩治手段。"年轻人犯错误，上帝都会原谅"永远是教育工作者的重要信条，相当长一段时期以来，两极化的教育思维占据着教师的心灵：或者对学生不敢管、不愿管导致了学生思想和行为的散漫和失当；或者缺少充满爱心和耐心的情感教育，习惯用奖惩手段使管理简单化。

郑北一中以"自然、自助、自主"的理念，为不同学段的孩子制订了不同的主题目标。以"弗牵、弗抑、弗达"的教风，为培养学生想学、乐学、会学制订了教育原则。以"藏焉、修焉、

息焉、游焉"的学风，为团结紧张、严肃活泼的青春旋律营造了成长空间。郑北一中把培养学生自主精神作为教育原点，以促进强化学生心理体验为教育过程，以德智体美劳全面发展为教育目的，结合中国传统教育的"根"和时代发展的"势"，将核心素养的宏观思想落脚在学生的精神成长、情感成长、学业成长的微观实践中。

2020年郑北一中有71名首届毕业生，虽然在性格、习惯、学业方面，都名落当年几万名小学毕业生之后，但三年后一批次升学率近30%，80%的学生升入普高（远高于市中招升学率），更难能可贵的是在毕业季的最后日子里，他们不躁、不戾、不弃，表现出既进取又平和的态度，显示了初中三年的教育素养。

郑北一中把对课堂教学的思考作为核心素养的重要落脚点，以解决"怎么学"作为主体课堂的设计思维，建立了有自己特色的课堂范式，它与当下"深度学习"的课堂观点颇为相似。

小学是初中的上游，郑北一中利用九年一贯制系统化的办学优势，根据对初中生的培养目标，制订了小学阶段学生的七种能力：阅读能力、记忆能力、生活能力、专注能力、合群能力、交流能力、自控能力，实实在在地解决了学生养成教育问题，在新冠肺炎疫情期间，郑北一中的孩子们居家学习保持了端正的学习态度，取得了良好的学业成绩，正是得益于这七种能力的培养。

郑北一中把父母教育放在家庭教育的重要位置上，建立了制度化的父母课堂，探索性地落实了2019年全国教育工作会议将家庭教育纳入公共服务体系的文件精神，从建校起以校长为主讲，举办了几十余场"父母课堂"讲座，疫情期间还采取了线上课堂的模式。著名教育家苏霍姆林斯基说过"最完备的教育是学校与家庭的结合""没有家庭教育的学校教育和没有学校教育的家庭教育，都不可能完成培养人这一极其细致而复杂的任务"。苏霍姆林斯基的教育理想和理念，在郑北一中得到了真正落实。

最近，一些地方的教育行政管理部门出台了"民办学校量化跟踪服务方案"，对民办学校的办学条件、教学行为和规范办学方面实行量化考核。这种"限量提质"的政策措施表明"规范和发展"的既定方针正在向我们走来。"清醒驶得万年船"，研究招生新政下的新情况、新问题，用前瞻性的目光顺应大势，是民办义务教育工作者的应变之道。

学校文化就是"爱"的文化

引子

为每一个人培养起善良、诚挚、同情心、助人精神以及对一切有生之物和美好事物的关切之情等品质，是学校教育的基本而起码的目标。学校教育就要由此入手。

——苏霍姆林斯基《帕夫雷什中学》

要想做好学问，先要做个好人……应努力按好人标准去培养青少年，只有先成为好人，才能做有益于国家、有益于人民的好事。

——王选院士

学校文化决定着学校的生态，决定着教育效果的优劣。不同的学校有着不同的校本文化。学校之间因为地域、教学群体、发展定位和教育特色的不同而呈现出差异的文化现象。它颇像民风，有"三里不同俗，十里改规矩"之别。但不同的学校之间，也有着共同的教育文化：由教育的宗旨、教育的功能、教育的规律等而体现的人性美好的、具有普遍价值的文化现象。

时下流传一句话："一切为了学生，为了学生的一切，为了一切的学生。"这句话文章中随处可见，发言中充斥于耳，有的学校把它作为校训赫然写在墙壁上。这是一句很漂亮的口号，不仅字句铿锵，而且内容仰之弥高。稍微细心推敲，你会发现除了"为了一切的学生"体现了"有教无类"的社会公平，体现了教育的普遍价值外，学校教育并不是为了学生的一切，也不是一切为了学生。教育是按照未来人才发展和社会要求去实施的，它要照顾到学生与家庭、学生与社会、学生与学校、学生与学生之间的利益平衡，教育目标不可能反映每个学生个体的全部利益，也不可能反映学生利益的总和。学校文化应该是反映社会利益总和的文化，让未来社会和谐的文化，大家与人为善，让自己做好人、又让别人做好人的文化。

一、校长善待职务

陶行知在《半周岁的燕子矶国民学校》中说过一句话："校长是一个学校的灵魂。要想评论一个学校，先要评论它的校长。"

今天也流行着一句话："一个好校长，就是一所好学校。"此话虽然有争论，但歧义是在不明白前提的情况下产生的。这句话是指各种办学条件一定的情况下，校长的业务水平、校长的行为做派、校长的管理理念，对学校所发挥的引领和影响作用。校长犹如司机，教育的路径有千条，校长决定着走哪条道。校长是教育者，是教师中的一员，和教师是同行的关系。校长又是管理者，像"官"，于是一些校长就把校长当官来做，官场的等级制度、官场的官僚作风、官场的恭维逢迎、官场的跟风作秀、官场的应酬周旋等，官场有的，应有尽有，这样的学校除了知识的传授外，一切都像行政单位那么眼熟，喊豪言壮语，走形式过场，推崇企业式管理，制度苛刻，搞绩效主义。不注重教育能力，夸大经营能力，欣赏自己在大社会中的纵横逢源，不喜欢在学校的小圪落中默默耕耘。校长文化的核心价值首先表现在校长的教育家品质。校长是教学质量、知识真理、学术研究、师生利益的捍卫者，是实现自己执着的教学理念及治校理想的机会和平台。原清华大学校长梅贻琦治校的突出品格是"终生一职"，一生"只做一件事"（校长），绝不"今天干教育、明天弄政治，干着校长，想着部长"。目前应该大力提倡当一个纯校长。有了纯校长，就有了纯教师，学术和业务就不会泡沫化。学校校风、教风、学风的养成，很大程度上得益于校长的一言一行所体现的教育责任和清正精神。

常州高级中学老校长丁浩生总结自己多年学校工作的经验时，深有体会地说，校长不能"人在学校，回望青云"，把校长的职位当作官位，当作青云直上的跳板。他说，校长是"家"不是"官"，校长是"家"不是"匠"，校长是"家"不是"神"，校长是"家"不是"商"。校长要做的是教育家，仅此一"家"足矣。企业家、政治家大可不必。记得有一篇文章的题目叫"学校就是不一样的地方"。说得好极了，学校就应该是一个"众人皆醉我独醒，举世皆浊我独清"的另类世界。为什么有人说一个国家世风坏了，官风坏了，民风坏了，只要校风不坏，民族就有希望呢？职业是应该有区别的，这里不是说职业从事操作行当的不同，而是指包含行规、行话、行业操守、行业精神在内的行业文化。社会的演变促进了一些职业文化的接近和融合，这是不可避免的，这是应运而生的创新，是行业生命的生长。但行业间的文化独立性，却犹如物种的基因一样，不能进行颠覆性的改造和移植。校长要善待职务，就要克服官本位思想，让"校长"从庙堂之上回到学堂之中。

二、校长善待教师

校长如果把自己当成官，与教师的关系性质就会发生嬗变。校长的第一色彩是"教"，第二色彩才是"长"。教育和教学一旦成了长官分派的任务和劳役，教师的创造性和热情就会丧失。校长的所有工作和努力不仅是为了学生也是为了教师，当然还是为了社会和家庭。学校是二元的学校，教师和学生都是教育的主色，在知识的传授和继承、品德的养成和坚守过程中，教师起着决定性作用。我们推行研究性学习，培养学生的自主精神，丝毫没有减弱教师的作用，而是对教师的素质有了更高的要求，校长在新课程改革中更需要善待教师。体恤教师职业的辛苦，从学校条件出发，满足他们的合理要求，解决他们的困难问题。善待教师，就要严格要求教师，从职业素养和职业规则上培养约束他们。善待教师，就要以包容的精神扬他们之长，忍他们之短；忍不是放纵，而是一种理解和等待，给他们一定的空间和自由。善待教师，就是允许教师失败和犯错误，掌握分寸地给他们面子，让他们内疚和自省。对待教师的错误，要把握批评和自我批评的度，二者应该三七分。善待教师不能无为而治，在当下泛社会化的职业格局下，更应以积极的态度强化职业的特殊性和职业道德。校长善待教师，就要帮助教师成长，给教师适度的压力，以产生能内化为主动精神的力量。设立学生评教制度、教学质量分析会、课研讨论会、教学恳谈会，营造一个百舸争流、充满竞争和合作的团队氛围。不搞签到制度，不让老师在自习和周末时间上课，变有形压力为无形压力，就能让老师不用扬鞭自奋蹄。管理者要思考的是如何布"势"造"场"，让磁针处在"场"内，向着一个方向。同时呵护着教师们的那份良心，他们就放不下那份责任。

三、教师善待学生

学校有规章制度，有思想政治教育，约束学生、感化学生是教育的两手，但"爱"是约束和感化的出发点，是考量两者是否适当的尺度。有人说目前学校最需要克服的是两种倾向：管理的行政化，教育的功利化。教育的功利化表现有二：一是教育的单一性，把教育等同于教学，用看破红尘的眼光把思想品德教育看成是无用的说教。把理想的愿景看成虚无缥缈的空中楼阁，把高尚和情操看成是傻帽和虚伪，信奉"高尚是高尚者的墓志铭，卑鄙是卑鄙者的通行证"。使教育成了一种知识技能传授的技术。二是把对学生的管理混同于成人式的团队管理。批评和处分中的教育附加值愈来愈少，企图通过纪律的权威性，吓阻学生成长中的错误。把格杀勿论式的管理看成有魄力的表现。当然，教育不是万能的，受教育的众生总会有从恶之徒，再肥沃的土壤也不会只长一种草。但这都不是放弃教育耐心的理由。因为教育就是以美好的愿景为出发点而建立起的一种事业。教育永远不能把学生当作成品去评判取舍，而是要永远地把他们当作尚未封笔的作品去修改。不到万不得已，不能把他们交给社会了事。在受教育者人数太过庞大的时候，教育的力量也有力所不逮的情况。教育者不可能深入心脾地施惠于受教育者的各个角落，但尽力尽心地去做却是上帝赋予的天职。善待学生就是教师要有一种天然的父母本能，把学生看作目的，不把教学的行为看作策略。虽然可能会产生疲倦和厌烦，但总会又自觉地从疲倦和厌烦中走出来，满怀希望地不离不弃地像对待孩子那样对待学生。罗素曾强调：教师爱学生应该胜于爱国家和教会。而教师个人是否爱学生，取决于这个教师的品德。所以善待学生，教师要首先改善自己的人性，用一种宗教般的虔诚向善从善。在教师这个职业中，人性是第一位的，经验是第二位的，人性决定了教师的品位和工作效果。

教育所能成就的最大功德是给孩子一个幸福而又有意义的童年，以此为他们幸福而有意义的一生创造良好的基础。不要把自己渺小的功利目标强加给孩子，驱赶他们到功利战场上拼搏。教育的使命就应该是为生长提供最好的环境。什么是最好的环境？第一是自由的时间，第二是好的老师。约翰·亨利说过，一切教育都是自我教育，一切学习都是自学。最好的教学效果不是在单位时间内传授了多少知识，而是把学生变成了"不可救药"的思想者、学者，不管今后从事什么职业，再也改不掉学习、思考、研究的习惯和爱好。这才是"教育即生长"的道理。

四、学校善待家长

学校教育是大教育的一个组成部分。家庭教育、社会教育对学校教育有着相辅相成的作用。学生在家庭中互动时间的长度，家庭在学生成长阶段的学前期发挥的独一无二的影响，以及家长和学生天然的血缘关系等，决定着学校教育无法替代家庭教育，但尽管如此，学校教育对家庭教育的互动和提升，仍然有着非常重要的作用。有目的和针对性地在家庭学校中开设讲座，和家长经常沟通及磋商，以取得教育的一致性，这样才能使家、校教育产生加法效应，而不是减法效应。善待家长就要学会站在家长的角度分析发生的家校冲突和矛盾，懂得把学校摆在和家庭利益一致的位置上，如此才能取得家长的共识和认同。陶行知有句话很值得我们品味：事要硬办，话要软说。贯彻始终，路线正确。打不还手，骂不还口，忍辱负重，有为有守。善待家长不是一味地屈从于家长，而是用善的语言和方式表达学校的教育理念和教育行为。只有在一个和谐的教育氛围下，教育效果才能达到最大化。

五、教师善待职业

有两则消息，一则是日本近年来师范生报考人数明显下降，原因是职业的工作强度和压力过大。另一则是我国近年来师范生报考人数明显增加，应聘教师职业的人数明显增加，原因是政府提高了师范生待遇，教师的职业稳定，且有一份说得过去的收入。两则消息虽然是两种相反的情况，但却从不同角度说明了教师的职业特点：稳定，收入高于一般技术性职业，工作强度和压力大。

人在选择职业的时候，是以生命幸福为尺度的。且不说教师是"太阳下最光辉的职业""人类灵魂的工程师"这些溢美之词，对已经成为教师和即将成为教师的师范生来说，面临一个事关一生幸福的问题：要么放弃教师职业，重新选择一个自己更热爱的行当，要么让自己热爱教师这个职业。因为职业的幸福感是人生幸福最重要的元素，很难想象一个厌倦自己职业的人会感到生命的快乐。怎样才能得到职业快乐呢？陶行知说过："做教师的人，必须天天学习，天天进行再教育，才能有教学之乐而无教学之苦。"他指出："有些人做了几年教师便有倦意，原因固然很多，但主要的还是因为不好学，天天开留声机，唱旧片子，所以难免觉得疲倦起来。"他还深有体会地说："教育有无限之乐含在其中。愚蒙者，我得而智慧之；幼小者，我得而长大之；目视后进骎骎日上，皆我所造就者。其乐为何如耶！"善待职业，既是社会之需，更是个人生命之需。许多修身养性的文章中，都谈到调整心态问题：拿起放下，淡泊名利。这并不是要减少工作热情和成就感，那样岂不是厌世灰心了吗？而是说减少那些会干扰自己生命情绪的纷扰之争，把职业当成上帝的馈赠，自得其乐，才能让生命充实起来。真正的大"家"和成功者，都和职业或事业上的成功有着不解之缘的情结。他们很少是用凡夫俗子的名利作为阶梯攀登上顶峰的。叶圣陶在《如果我当教师》一文中说："我如果当中学教师，决不将我的行业叫作'教书'。……说了'教书'，也便把我当教师的意义抹杀了。好像与从前书房里的老先生，并没有什么分别。我与从前书房里的老先生，其实是大有分别的。他们只需教学生把书读通，能够去应考、取功名，此外没有他们的事儿了；而我呢，却要使学生能做人、能做事、成为健全的公民。"魏书生在谈到卓越和平常心的关系时说："人很渺小，生命很短暂，所以才应该格外地珍惜，活得快乐一点、有效一点、对别人有用一点。我没怎么想过追求卓越，就愿意多做事，高高兴兴地做事，做了一件事又一件事，如此而已。"我们要像魏书生老师那样以"我工作、我快乐""工作着是美丽的"的心情去善待自己的职业。

教师要敬畏职业，就要具有教育的精神。什么是教育的精神？怀特海用了三个字概括：宗教性。什么是宗教性？就是对教育的虔诚感和崇敬感，就是教育要有理想和信仰。这样的教育才是崇高的教育。

六、社会善待教师

在中国这个国度中，教师是受人尊敬的，俗话说："一日为师，终身为父。"又是受人鄙视的，俗话又说："宁缺千日粮，不当孩子王。"不管是尊重还是鄙视，社会对教师的道德要求却是极高的，俗话还说："学高为师，德高为范。"所以在改革开放的现今中国，拜金主义泛滥的满山遍野中，教师中出现的一些丑陋现象受到了异乎寻常的口伐和笔诛。这一方面反映了社会对教师这个人群的高期待值，一方面反映了社会对教师包容心的缺失。当然，教师队伍的完善和提升是当下亟须重视的问题。因为知识分子是民族希望的根，知识分子队伍好，就让人有"留得青山在"的信心。但社会多一点理解和期待，也是繁荣教师队伍的一种应有的氛围。许多家长熟悉教师早出晚归的工作时间，常常给予他们暖心的赞叹，并为他们待遇偏低的情况鸣不平。教师应该感恩社会的理解。学校不全是一块净土，教师队伍不全部是纯粹的人。但相比之下，还算是最清正的吧。这不是谁好谁不好的问题，是职业要求他们不得不如此，职业要求教师应该做的比现在更好，来一点掌声，给一点鼓励，算是对社会的一点请求吧！

建设现代学校制度的思考和探索

在《国家中长期教育改革和发展规划纲要》中的第三部分"体制改革"里面，一共有"人才培养体制改革""考试招生制度改革""建设现代学校制度""办学体制改革""管理体制改革""扩大教育开放"六个方面。"建设现代学校制度"在新中国成立六十年后，终于提到了议事日程，应该说这是中国现代学校发展的里程碑。从此，中国学校的"现代化"将出现一个新的面貌。

建设现代学校制度，其实就是厘清三种关系，或者说确立三种关系各主体遵守的规则。这三种关系是政府或主管部门和学校的关系，学校内部的管理关系，学校和社会的关系。《国家中长期教育改革和发展规划纲要》颁布后，引起了全国教育界乃至更大范围的讨论。其中谈的最多的话题是"如何转变政府职能和简政放权、促进管办评分离，形成政事分开，减少不必要的行政干预"。大家谈的是第一种关系，即政府或主管部门和学校的关系。笔者和大家一样，翘盼着政府早日对此拿出推进的政策和举措。但笔者认为，第一种关系的确立决定于政府的相关政策，是按照自上而下的模式推进的。在学校内部，学校的行政管理思维、运作越来越像社会行政部门。学校行政的服务、协调功能极大弱化，学校行政对教育的导向、监督功能极大地膨胀。作为教育工作者，更要把关注的视野放到学校内部来，把学校内部的管理关系的调整和改革作为自己更大的责任。在"去行政化"的思路上不能坐而论道，学校应该先"自清"。这才是有志者、有为者的负责态度。在学校，校长说了算，行政说了算是普遍存在的现象。校长们谈"去行政化"，首先要把一部分权力让出来，让给教师，让给学生，这部分权力不仅是举手的权力，而是在决策层面上体现出的话语权。郑州一中从学校的体制和权力的架构、决策的程序以及议事的规则着眼，对此进行了积极的、审慎的探索。

一、"一制三权"——三棱锥式的学校内部管理体制

长期以来，学校实行的是校长负责制，管理的运作模式是行政团队的官僚化方式。教师的民主权利、学生的自主权利一直受到漠视，学校教师的主导地位、学生的主体地位极大地弱化。郑州一中提出的"一制三权"管理体制，即是在校长负责制下，让管理团队的行政权、教学团队的议事权、学生团队的自主权，落实到决策层面上，让三权形成学校管理的三极。三极在校长负责制的统摄下，各有侧重，相对独立，相互制衡，相互尊重。它保证了社会主义学校的政治鲜明性；强调突出了民主治校、教师治校、学术治校的民主思想；发展了学生的主体者角色作用。

这一思想首次明确地把学生团队的自主权作为学校管理的一极提了出来。为了把学生团队的自主权落到实处，郑州一中确立了"唤醒自主意识，提高自主能力，塑造自主人格"渐进式的培养思路，形成了"生活上的自主服务，成长上的自主教育，功课上的自主学习，组织上的自主管理，人格上的自我尊重"工作体系，开创了校政对话、社团活动、学生评教和伙食说明会等问政机制和教学恳谈、"ST"教学体系等自主选课机制。"校政对话"是全校各班学生通过自荐和推举产生的学生代表，与学校全体干部就学校管理和生活中遇到的各种问题进行的面对面沟通，相关部门领导须现场作出答复或承诺整改。社团活动是学生根据志向和兴趣爱好成立的团体，在学生会社团文化部登记注册后，自主开展的活动。"学生评教"是学生对任课教师进行的量化评价，评价内容涵盖了教师情怀、素养、课堂、作业、辅导、成绩等10多项内容，这一评价结果会通报给教师本人，并在评先评优、职称申报和年度考核中被广泛引用。"伙食说明会"是学生会下设组织机构伙管部的重要工作内容之一，伙管部可以抽检食品卫生、核算饭菜成本，对餐饮品种、质量、价格发表自己的意见，并有权要求经营方出席伙食说明会，学生的强有力的干预发挥了必要的约束作用，保证了饭菜质量，学生食堂长期遭受质疑和批评的被动局面一举得到改观。"教学恳谈"是学生与学校领导面对面就教学和任课教师发表意见和建议，学校随即对学生反映的情况进行调研，并以适当方式通报给相关教师，包括个别谈话。"ST"教学体系包含了奥赛课程、研究性学习、讲座课程、分层教学、特长选修课程五个系列，是学生在公共的课程体系之外，自己做主选择的辅助课程体系。

教育发生在潜移默化中，这些问政机制和自主选课机制是培养学生自主精神的孵化器，是学生行使自主权利的重要平台。它对学校管理工作起到了较强的干预和约束作用，有利于学校依据学生切实的需求改进工作，提升服务效果和教育效果；另一方面也让学生通过关注身边的事、思索身边的事、参与和改进身边的事，使自主意识、责任意识、正义意识像种子一样，在其心中得以萌发和生长。同时，为青年学生阶段特有的冲动情绪找到了宣泄的出口，有效地化解了负面情绪的积累。学生会伙管部成立以来，长期发生在学生和物业之间的餐饮冲突变得风平浪静。学生自主权的行使不仅没有增大管理的难度，反而使学校的各个权益主体更加包容和配合。

二、"校务委员会"——民主治校必需的权力机构

早在党的十一届三中全会前夕，邓小平就在中央工作会议上明确指出"必须使民主制度化、法律化，使这种制度和法律不因领导人的改变而改变，不因领导人的看法和注意力的改变而改变"。邓小平同志的话仍然可以作为现代学校制度建设的指导方针。在我国，学校内教职工代表大会制度早已有之，校务公开制度早已有之，但在学校管理过程中只发挥着微薄的作用，因为它毕竟只是一种知情权。教师治校、学术治校不能真正实现的原因是缺少一个常设的权力机构。为此，2010年3月，郑州一中成立了"校务委员会"，校务委员的产生本着法理化、规范化、程序化的原则，校长和行政会提出了"政治可靠，心胸宽广，心态平和，无小集团利益，无明显的强势性格；有较强的业务能力和学术影响；关注学校发展，关心同事"的选人标准，为了兼顾学科代表性和年龄段代表性，行政会集体研究了各单位的分配名额，并推荐出候选人，由候选人所在学科教研组或所在行政组进行自由选举，每一位教职工不受行政会推荐的候选人的限制，可以按照自己的意愿投票，成立了第一届校务委员会。

校务委员会章程规定：凡关涉学校发展的大事要事，都要提交校务委员会讨论或票决。校务委员会对重大事务行使票决权时，实行委员实名投票制，以强化责任和公正。校务委员会定期和学校行政会举行联席会，校务委员定期向学校提交议案，积极建言献策，以反映民意、拓展学校发展思路。

校务委员接受行政会和全校教职工对其公正性的监督，对于明显不称职的委员，行政会或四分之一以上的教职工联署，有权向全校教职工代表大会或全校教职工大会提出弹劾，交付全校教职工代表大会表决。校务委员会每两年换届改选一次，校务委员连任不得超过三届，以保持民意本色和与时俱进的先进性。

校务委员会成立后，在多项重大事项中发挥了作用。

2010年3月，教育局举行专任教师招聘考试，我校在遵循上级

文件精神的基础上，就相关重大决策性问题提请校务委员会进行了讨论和投票。

2010年4月，教育局进行第三届名师选拔。在个人申报、教研组推荐的基础上，我校将名单提请校务委员会进行讨论和投票，在充分尊重投票结果的基础上，行政会和党委会通过民主集中制原则，确定了推荐人员。

2010年6月，因工作调整，需要增补四名年级主任。在自荐或民荐的基础上，提请校务委员会进行讨论和投票，在充分尊重投票结果的基础上，行政会和党委会通过民主集中制原则，确定了推荐人员。

2010年6月，进行学年度常规评优评先工作，在各年级组织评选推荐校级优秀教师的基础上，提请校务委员会进行讨论和投票，在充分尊重投票结果的基础上，行政会和党委会通过民主集中制原则，确定了推荐人员。

2010年7月，招聘专任教师工作进行讲课和答辩，我校选派的考官人选，也是在校务委员会成员中抽签产生的。

三、"1+1+1"议事规则——校务委员会的工作制度

教师治校、学术治校不能真正实现的原因除了没有常设的权力机构外，还有一个原因就是缺少权力机构的工作制度。这会使权力机构束之高阁、没有用武之地。所以，校务委员会成立后，如何运作以切实发挥民主治校的作用？郑州一中创立了"1＋1＋1"议事制度。这个议事制度是指：凡重大事务，由行政会根据文件精神和政策解读，经调查研究，制订出实施方案，提交校务委员会审议。审议通过后，在全校进行公示。公示后无异议，方案通过。方案通过后，校务委员会按照方案就所论议题进行票决，并将票决结果向行政会通报，若行政会没有异议，则全校公示。若公示后没有异议，则一轮票决即为最终结果。

若行政会进行评议时产生异议，有权向校务委员会提出合理化的说明与建议，校务委员会应进行二轮票决。为了避免将行

政会的意志强加于校务委员会，为了保证校务委员会运行的独立性，行政会向校务委员会的说明和建议权仅限于使用一次。校务委员认真听取说明和建议后，进行第二次投票，投票结果经全校公示后没有异议，则二轮票决即为最终结果。

若全校公示后产生异议，则个人可申请在全校教职工会上进行申述，接受全体教职工直选式票决，直选式票决结果即为最终结果。

"1＋1＋1"议事制度集中体现了民主特色和制衡原则。行政会集体研究体现了管理团队的民主和全校教职工民主之上的集中，校务委员会票决体现了教职工代表大会的民主，全民票决体现了直选式民主。同时，校务委员会对方案的审议权和执行过程中的投票权是对行政管理团队的制衡，行政管理团队的方案制订权和执行过程中的建议权又是对校务委员会的制衡，全民公决则是主流意志对以上校务委员会和行政会权力的制衡。这种制衡性使"1＋1＋1"议事制度本身具有相当的自我纠正能力，并实现了在不同声音之间建立对话机制，从而成为公平、正义和民主的有力保障。

一制三权体制、校务委员会（即教职工代表大会常务委员会）及其议事规则（即"1＋1＋1"议事制度），使郑州一中在探索民主治校的道路上迈出了坚实的一步。郑州一中在这里找到了行政管理、学术管理、学生自主管理和谐的结合点，找到了在学校实现民主集中制的道路。这个结合点和这条道路通向"培养学生自主精神"和教师（主动地工作、主动地学习、主动地生活）的"三主意识"的教育理想。郑州一中愿以上下求索的追求、孜孜不倦的执着，成为最早实行现代学校制度的学校。

高高的水杉树

理想主义者朱丹和他
心中的"冈仁波齐"

冈仁波齐是世界公认的神山，几个世纪以来，一直是朝圣者和探险家心目中的神往圣地。它终年积雪的峰顶能够在阳光照耀下闪耀奇异的光芒，加上与周围山峰迥然不同的山形，让人不得不对它充满宗教般的虔诚与惊叹。

与共和国同龄，与北京四中、人大附中齐名的郑州一中，也是全河南莘莘学子心中的"冈仁波齐"。作为郑州一中的辛勤耕耘者、校园内"ZYZ"先生雕像的缔造者，纯校长朱丹在一块没有校际边界的心灵版图上，践行着"ZYZ"精神——在认识自己的前提下革新自己。

取自郑一中首字母的"ZYZ"精神，是自主的精神。

在学的层面，"ZYZ"精神分为唤醒学生自主意识，提高学生自主能力，培养学生自主精神三个层次。让学生们在生活上自主服务，功课上自我学习，组织上自我管理，思想上自我教育，人格上自我尊重。"ZYZ"精神的对立面是监狱式、榨汁机式的教育，它过度强调秩序化、封闭化的教育，以及对升学率的过度功利化追求等。

在教的层面，"ZYZ"先生主张教学不是"教"中"学"，而是"学"中"教"；主张学校可以没有围墙，但必须和社会有距离；主张以教师队伍为主体、专家为主导的学校自主革命，反对轰轰烈烈由若干"领袖人物"发起的"闹革命"式的课堂教学变革。

纯校长朱丹把受教育者的全域发展和可持续发展作为素质教育的两个着眼点。他既是先生，也是一名顺乎本性、法乎自然的园林工匠。他在校园里植入了"享受读书、享受运动、享受思考、享受亲情、享受自由、享受孤独、享受爱与善"的幸福观，给学子们准备了"人生三宝"——平台、朋友和贵人。自由就是最好的平台，同学就是最莫逆的朋友，良师就是最受益的贵人。他悉心在主体课堂、自习课堂、卓越课堂中将学子们对未来的想象、对万事万物的好奇、初生牛犊不怕虎的勇气、异想天开的创造欲等潜质特质，逐一修复并促其生根发芽、茁壮成长。

幸福观是"ZYZ"先生的最高信仰。如同冈仁波齐之于朝圣的藏民，它是至诚的向往，是希望本身，值得用生命坚持，用双脚一寸一尺地丈量。朱丹像一名信徒，用滚石上山的勇气、百折不挠的毅力，逐步把他的教育梦想打造成了郑州一中的教育信仰。在这里，学校保持着一个相对独立的社会地位；在这里，校长不是一种官职，而是一个有担当有使命的责任集成，一个有情怀有学问的角色期待；在这里，家长们明白爱孩子不是让孩子去实现自己或家族的夙愿，而是让孩子一生感觉到生命的幸福……

理想主义的朱丹自然也是乐观主义的朱丹。他相信，不管还要经过多少艰难曲折，不管还要经历多少时间，教育总会越变越好的，教育的创新之花一定会绽放在学校摆脱社会干扰和行政干预后实现自主之时。但是，想要达到这个目的，必须经过数代教育工作者的共同努力。有如接力赛，每一代人都有自己的一段路程要跑。又如一条珍珠项链，由许多颗珍珠串成，每一颗珍珠从本身来看都不过是区区一粒，但是没有这一粒，就没有一串完整的美丽珠链。在国民教育的发展长河中，每一代教育工作者都有自己的任务，都要有承上启下、承前启后的责任担当。

朱丹的本行是化学，他像一名手握哲人石的中世纪炼金术士，并不把炼黄金作为自己的最高追求，而是聚精会神于让教育引导学生从凡身肉体穿越到一个超凡脱俗的通灵世界，使其完成从物质世界走向精神世界的化学反应。他教学生们用爱安身立命，完成"入静、入定、入神"的修炼。他用光阴丈量梦想，执着地踏着"开学、放假、开学""播种、丰收、播种"的不变节拍。他一年有三个新年佳节，元旦、春节、八月底九月初的开学季。

当信仰融入了郑州一中的骨髓，就成了校园中的日常。当信仰成了灵魂的一部分，所做的每一件事情都幻化成了一种仪式。开学典礼是一种仪式，毕业典礼是一种仪式，运动会是一种仪式，新高三出征是一种仪式，新生军训是一种仪式，国旗下的演讲更是一种仪式。郑州一中这些年复一年的仪式，没有冗长生硬的说教，有的是守望者朱丹的仁厚情怀，而这些也是纯校长朱丹工作的日常。

生活、工作都需要仪式感。有了仪式，我们才可能正视；有了正视，才会有反思；有了反思，我们才能够认清自己，认真地活好每一天。朱丹用教育认识自己、革新自己、成就自己的"ZYZ"精神，筑起了全体师生的一中梦。

入校，从滋兰、树蕙到积山，三年师生成兄弟；离校，海阔天高，鱼跃鸟飞。三年一个轮回，送到了，我该走了，看似是朱丹看淡了分别，其实是一中的"ZYZ"精神使然。"ZYZ"精神经历一个又一个三年，从校园辐射到社会，从郑州传播到全省、全国、全世界。

于是，你就会明了，为什么每一次演讲，朱丹都像一个行进在通往神山冈仁波齐朝圣路上磕长头的圣徒，一定要额头贴着地，用心地把同一个动作做到极致。

于是，你就会明了，为什么朱丹的每一次演讲都会在一中师生和家长群体，乃至在一中之外的人群中，激起那么强烈的共鸣、引起那么广泛的影响。

毫无疑问，朱丹是一中"ZYZ"先生雕像的缔造者，是"ZYZ"精神的践行者和倡导者、守护者，但这尊雕像缔造和这种精神践行成功的背后，有一代又一代一中人的文化传承、信念坚守，有和朱丹同时代的志同道合者的鼎力前驱、智慧碰撞；有一批又一批一中学子和家长的价值认同、积极参与；更有让教育宗旨回归到以人为本的社会关切、时代期盼。天时、地利、人和，信念、激情、坚韧，因缘际会，成就了朱丹和不朽的一中"ZYZ"精神。

我与朱丹先生相识、相知十数年，尤其是作为媒体人、一中学生家长的十余年间，近水楼台先得月，有幸可以近距离地观察、感悟、认知这位亦兄亦友的校长。与之晤谈，每有如坐春风之感，脑海常出现两句古诗文：一句是"文质彬彬，然后君子"，一句是"旧学商量加邃密，新知培养转深沉"。斗转星移，白云苍狗，弹指间朱丹校长已届花甲，即将迎来绝少"闲事挂心头"的美好人生，他将有关"ZYZ"精神的思考精华汇编刊布，泽惠更多学子，启迪更多读者，善莫大焉，嘱我写篇心得交卷。兄命难违，何况，我也不愿违，不想违，反倒乐于先睹为快，同时也藉此把对他、对一中多年的观察认知一并呈上。谨以此文，作为献给朱丹校长、献给"ZYZ"精神的一瓣心香。

学生家长王守国

作者简介：

王守国，河南省文联党组书记、副主席。拥有高级编辑职称。

绘人生最好的图画

——2004 年开学典礼致辞

2004年8月24日，郑州一中开学。学兄学姐们重回学堂，继续寒窗苦读。学弟学妹跨越人生的阶梯，达到了人生之途上的重要一站。郑州一中虽然曾是你初中三年的奋斗目标，但现在却是你万里征途上的新起点。郑州一中不是人生的风光险峰，以后要走的路还很长很长。郑州一中的三年将是你人生何去何从的重大转折时期。小学初中的九年，你可能占尽风流，但那都已成过去。"好汉不提当年勇"，自矜和骄傲只会让你半途而废。小学初中的九年，你可能少年不努力，任时光白白流失。但那不晚呀，亡羊补牢就行，我们还有关键的一步棋没有走出，怎能轻言胜败呢？学兄学姐走过的路就有许多前车之鉴：暂时领先者落伍了，暂居人后者后来居上了。郑州一中的学子，只要拼搏都能成才。"郑州一中"的泡菜水应该浸润出英雄。但若是蹉跎岁月，醉享青春，只能是一败涂地。世上的事都是好自为之。外因是转化的条件，内因是变化的依据。这是颠扑不破的真理。

开学之初，看着清纯可爱的后生们总油然生出一种羡慕的感觉：人生要重来一遭该有多好，白头换黑发，让我坐坐郑州一中的学堂，我要画出人生最美、最好的图画。一位在今年中招时认识的家长告诉我，孩子进不了郑州一中，成了孩子和家人心中永远的痛。

开学之初，看着生气勃勃的小丫小仔们，总想拉住你们，给你们叮咛上几句话：不要早恋。事业、恋爱、健康是人生幸福的三大要素，十六七岁，刚省人事，是最不成熟的年龄，我们不能在最缺少经验的时候去处理最不应该解决的问题。我们不能在最应该沉下心学习的年龄，心猿意马。"少年不知情滋味，为求浪漫强作情。"你听到父母的吟唱了吗：送子送女家门外，有句话儿要交代，青涩的苹果你不要摘。

不要打电子游戏。网瘾、网毒、网祸，人们诅咒着这个让人不该虚拟的虚拟世界。每天的报纸几乎都有网害的报道，我们的学友中也有沉湎网吧，最终一事无成的沉痛教训。你不要躲在网中偷着乐，网外的世界很精彩，那里的痛苦和快乐都看得见、摸得着、实实在在。在人群中的孤独者可能是思想者，在网中的孤独者一定是生活的低能儿。

要在品德上努力修炼自己，多给别人帮点忙，多为班组学校做点事，多为父母社会尽点心。利己是人和动物具有的共同属性，有点私心，不应该受到求全责备。公德是人具有的而动物没有的属性。讲究公德，应该是追求生活质量的共同诉求。不要在生活消费上模仿贵族的奢侈和豪华，要在责任心和使命感上做精神上的贵族。

要在行为规范上约束自己，遵循规则和有序化是现代人的素质。郑州一中的学生让人感到与众不同的地方，就是表现出思维的深刻、知识的广博、行为的现代化。

见人讲礼貌，人家说咱绅士；自习不吵闹，人家说咱文明；见活抢着干，人家说咱勤劳；有难去帮助，人家说咱善良；努力做功课，人家说咱有出息。就这些，咱们有什么做不到的。

有困惑了，找父母聊聊；有情绪了，找老师说说；有不快了，找同学侃侃。你不走近对方，觉得对方很冷；你走近了对方，才会觉得对方温暖如火。

新校区即将完工，郑州一中新的美丽校园中，走动着一群美丽的教师和学生，郑州一中的学习生活是美丽的。

修复的美丽

——2010 年开学典礼致辞

今天，我们举行2009—2010学年开学典礼，既然是典礼，就不是一般意义的会议，我想典礼中突出的元素是庄重、神圣和虔诚，它像生日一样，是生命过程中的一个有意义的感叹号。在这个充满庄重、神圣的氛围里，我们要用面对苍天那般的纯洁，面对神明那般的虔诚，面对生命那般的谦卑，静穆地伫立，默默地让精神之泉一点一点地滋润我们。

今天清晨，我在校园里看树、看花、看草、看灌木丛，突然有许多生命的感悟：在我们明新楼与天中楼之间的路侧，栽有几簇灌木，前年栽上以后，去年没有绿枝，没有新芽，我以为今年肯定要将它们刨掉重栽了。想不到它们今年竟绿条生发，一片生机。自然界告诉社会一个教育上的道理：要给生命一个适应期、修复期，过早地刨掉它、否定它，会毁掉一片本该张扬的生命。但我又想，如果一年无芽无叶，两年无芽无叶，甚至更长的时间，还会长出青翠吗？适应期、修复期，一个"期"字，说明超越了时间长度，结局就不可逆转。我还看到一簇灌木，叶子极像香樟树，问花工王师傅，他告诉我，这是香樟树，没有栽活，根部又发出许多枝条，你不进行修剪，它就成了枝枝蔓蔓现在这个样子。看来，修剪虽不是万能的，但经过一定的修剪，它可以长成参天大树，不修剪则会成为细枝丛生的灌木。这昭示着：人要活得有主流价值，学习要有主攻方向。

新学期，我只想告诉同学们，一定要学会自习。在自习课堂上的表现，足以见出一个人的意志品质和学习能力，足以见出一个班级的学习氛围和互动能力。一个有强烈进取心的同学一定要知道知识量是末，学习行为的优化是本，提升了学习的行为品质，就从根本上提高了学习的成绩，一定要把优化自习当作第一要务。

怎样上好自习呢？

第一，进教室要静口，管住自己的嘴，不说与学习无关的话。

第二，要做到静心，把自习前的所有事统统抛之脑后，做到了不心猿意马，才能渐入读书的佳境，才能达到废寝忘食的境界。

同学们，我们本学期实行双休日制度，在校学习的时间短了，但升学的竞争压力依旧存在，我们要学会主动地学习。谋事在己，成事在天，祝同学们强己固本，取得优异成绩！

海阔天高的朝圣路

——2013 年开学典礼致辞

　　立秋一个月了，但是校园让人依然觉得像四月天一般温润。今天，我们聚集在这里，举行盛大隆重的开学典礼，只为了那永不褪色的荣耀和无边无际的希冀。

　　暑假前还素昧平生，今朝会聚在一个屋檐下。去年的学弟、学妹，今年成了师兄、学姐，昨日的师长今日成了朋友。从我们坐在兄弟湖畔长椅上遐想的那一时；从我们徜徉在碧桃路上的那一刻；从我们惊羡数九寂寞、一红惊艳的江南槐的那一瞬；从我们倾倒在红花蕊珠、玉籽万千的榴园的那一醉；从我们流连于蛟龙生焉的滴水潭的那一晚；从我们驻足在高节挺拔的翠竹旁的那一望；我们就成了兄弟，这些镜头将是你或三年、或两年、或一年留存的最柔软的记忆。

　　2005年，中原路182号院，还望不到一片绿荫地，今日的湿地还被那时的学生戏称为"筷子林"。七年过去了，如今这里小树成林，浓荫满地，郁郁葱葱，生机盎然。七年间，有太大太多的变化让我们来不及细想，七年间，唯一不变的，是汪汪叮咚的心泉，汩汩流淌的心韵……

阳光遍地的清晨，你迎着喷薄的朝阳走向教室，你的心是不是一下子敞亮了？宁静如水的夜晚，你走在回宿舍的路上，突然望见那一轮柔和的圆月，你的心是不是一下子变得柔软了？一年，你心底会记住滋兰楼前葱葱茏茏的广玉兰；两年，你脑海中会印下树蕙楼前的那片随风摇曳的紫竹；三年，你灵魂里会刻下积山楼前那株株蜡梅。水木清华是你前生的缘，积土成山是你今生的约，水木土金、化育万物是你今生后世的福。

许慎在《说文解字》一书中如是解读教育的基本内涵："教，上所施，下所效也。育，养子使作善也。"真正的教育应当是以人育人的，应当是生鲜活泼的生命状态、温润可感的生命温度。郑州一中教育最美的地方，就在于它靠近的是心房，聆听的是心跳。教师在需要中工作，在工作中成功，在成功中发展，在发展中幸福。学生在渴求中读书，在读书中成长，在成长中思考，在思考中快乐。

郑州一中的文化，是爱的文化；郑州一中的事业，是善的事业。在爱与善的襁褓里哺育出一颗颗真挚的心灵；在爱与善的浸润中，绽放出一张张真诚的笑脸；在爱与善的坚守中，锻造出一个个强大的精英。

学生学习需要刻苦，但是刻苦学习不仅仅是为了升学，那会让人在生命的中途失去目标、失去勃勃活力。教师成家要考虑谋生，但是不能把教书仅仅当成谋生的手段，那会让人机械重复着同样的工作，使人变得倦怠、变得碌碌无为。仅仅盯着分数的学习是训练，不是成长。仅仅盯着考试的传授是教书，不是教育。学子不能没有精神上的追求与高贵，教师不能没有情怀和理想。播种习惯、提升素养、培养情怀，在这个过程中体验成长的快乐、精神的满足、人生的幸福！

生活中，妨碍用心做事的最大障碍就是用预期的回报来衡量和决定付出。若是什么事情都想事半功倍，都想一劳永逸，到头来只能是敷衍塞责，得过且过。成功人士身上大都有一个与众不同之处：就是把工作、心灵与精神的追求融为一体。"无心于宝者，得之。"不刻意追求成绩或利益回报的人，对眼前利益计较得少的人，往往获得的更多，成功的也更多，而且，更重要的是，生活得更幸福。

这里有郑州市乃至河南省最优秀的学生；这里有河南省最多的国际中学生学科奥赛金牌得主；这里有"心事浩茫连广宇"的文艺青年；这里有一年一年被刷新的升学率，更有用来刷新升学率的幸福指数。这里有三年三块生物国际金牌的神话，有四年四块国际奖牌的传说。这里的奖牌没有金属的冰冷，有的是滚烫的激情；透视出的不是木讷的病容，而是清新活泼的面庞。赫尔曼·黑塞曾说，觉醒的人只有一项义务：找到自我，固守自我，沿着自己的路向前走。走吧，走累了，到"心泉"掬捧净水，喝个心旷神怡；到"心绘"挥毫泼墨，画个如愿美景；到"心声"开怀放歌，唱个朝霞满天；到"心炫"翩跹起舞，跳个花好月圆。青春不寂寞，一中不孤单！

有一首歌叫《海阔天空》，里面有这样的歌词："海阔天空，在勇敢以后；要拿执着，将命运的锁打破。"朝圣的路上会遇到荆棘，会遇到急流险滩，会遇到泥淖沼泽。但穿过去就是海阔天高。"海阔凭鱼跃，天高任鸟飞"，为同学们加油，祝同学们进步；为老师们喝彩，祝老师们幸福。

人生的关头和选择

——2016—2017 学年开学典礼致辞

人生的路很长，一路上会遇见很多人和事。有时错过了一些人，错过就错过了，那是缺少缘分；有时放弃了一些事，放弃就放弃了，本就有舍有得。但有些人不能错过，那是老百姓说的贵人；有些事不能放弃，那是关乎发展的平台。留住贵人，或许就能帮你走进一个新的世界；抓住平台，或许就能为你开启一段新的征程。这些人和事就是改变你人生命运的关头。

人一生有多少关头，就有多少次选择。有些关头是上天替你安排的选择，譬如性别为男或为女；有些关头是父母替你安排的选择，譬如婴幼儿时期养成的习惯。但当你渐渐长大，很多关头的选择只有你也必须是你自己安排！人生后来的幸福和痛苦、辉煌与落寞，大抵都是少年、青年时期在面临何去何从的每一个关头时，自己一次又一次选择的最后结果。

据说，人从3岁开始，每逢3的倍数之年，都是一个关头。6岁上小学，12岁上初中，15岁上高中，18岁考大学，每一个关头都是一段新的里程。今天我们举行开学典礼，就是大家在15岁的岁月界碑前举行的出征壮行仪式。

今年夏天好像又长又热，就如刚刚熬过的中招季，拼搏和志忐、焦虑和喜悦，掺和在一起，令人有一种五味杂陈的感觉。秋风一吹、秋雨一下，让人清凉了许多。你和他、她忽然发现（也可能你浑然不觉），又一个关头摆在了面前：三年的高中怎样度过？

苟且偷安是人性的弱点，老年人、青年人概莫能外。一些踌躇满志的人，在面临安逸和艰辛、优裕和紧张、绚烂和单调的选择关头，往往给自己找一些苟且偷安的理由："三年时间颇长，第二年、第三年再闻鸡起舞不迟"，"能享受时且享受，明天的事明天说"。我相信你的信誓旦旦是真诚的，你的摩拳擦掌还流露出一种跃跃欲试的激情，但我告诉你，所有缺少弘毅品质的人，都在这种关头表现出了共同的致命弱点：推迟应该立即行动的时间。"作业明天做，明天一定做。""书明天读，明天一定读。""今年晚了，明年复读再重新收拾旧山河。"呜呼！真应了那句古话"明日复明日，明日何其多"。

高中阶段正值花季雨季的年龄，过去你虚度了青春韶华，高中可以浪子回头、重塑金身。过去你昏头昏脑、懵懂无知，高中可以幡然开悟、亡羊补牢。即使过去的你一塌糊涂，也可以重新谋划，弃旧拾新。莫等闲，今天就披坚执锐，今天就催马扬鞭！老百姓说"过了这个村，就没这个店"，高中这个最后的驿站在你的求学生涯中举足轻重。围棋的黑白世界里有句成语：一着不慎，满盘皆输。做得好，这个最后的驿站可以让你的青春完美收官。这是一个重要的关头，切记不要为舒适安逸而失志，不要为失败挫折而堕志，不要为花红柳绿而丧志。

青年人总觉得成长得太慢，有度日如年的感觉。自己什么时候去上大学啊？什么时候一鸣惊人哪？什么时候能遇上一场美好爱情呢？过来人当年也有这样的心路，但过来了就突然对时间有了另外一种相反的感觉，当看到新生们的陌生面孔，心里不由得感慨：又是一群少男少女！又是一个周而复始的三年！又是一声"白了少年头"的叹息！

年轻人嫌时间慢，慢得像老牛破车；过来人嫌时间快，快得仿佛眨眼工夫数年已过。其实慢和快的感觉都是人生到了关头的感觉。慢就慢好了！慢，正好静下来，一页一页写我们的故事。快就快好了！快，就只争朝夕，一分一秒地绘就未来的美丽。青年人"风华正茂、书生意气"，方敢"问苍茫大地，谁主沉浮"。老年人"青青子衿，悠悠我心"，才会"老骥伏枥，志在千里"。少年有志不蹉跎，壮心不已方英雄！

2019年，当你们把郑州一中装在行囊中的时候，正是郑州一中70华诞的隆重日子，那时候想必你们一个个都英姿勃发。少年英雄，好自为之！

幸福就是天天向上

——2016—2017 学年下学期开学典礼致辞

　　"幸福"一词像"爱情"两字一样，永远是人们思考不透、追求不止、谈论不厌的话题：古人谈、今人谈、中国谈、外国谈、官方谈、百姓谈、坊间谈、讲台谈。哈佛大学有一门幸福课，教室里座无虚席，是哈佛最热门的课程之一。这个现象说明了人们在向往和追求幸福的过程中挣扎着对幸福的困惑和思考。

　　幸福是什么呢？我们且不回答这个问题，先讨论三个值得咀嚼的问题。化用托尔斯泰在《安娜·卡列尼娜》中的一句名言：幸福的生活都是相似的，而不幸的生活却各有各的不幸。度过了冬夏春秋，走过了千山万水之后，岁月沉淀了认知。

　　第一个值得咀嚼的问题是：幸福的内容都是一样的吗？农耕时代的幸福和信息时代的幸福相同吗？战乱频发年代的幸福和歌舞升平年代的幸福相同吗？显然不同！当物质基础不同，政治环境不同，人们的期盼和满足就不会相同。从尧舜到改革开放，中国经历了漫长的农耕时代。记得小时候过年是最幸福的时光，新衣、白馍、肉菜、爆竹成了孩子们的快乐和难忘。后来上学加入了少先队，知道了共产主义理想这个词，大人说共产主义理想就是土豆烧牛肉，就是楼上楼下，电灯电话。而今这些过去遥不可及的东西变成了现实。但是我们浸泡在幸福中了吗？没有，我们倒有一种唾手可得的东西杳然远去的感觉。追求和向往的那种清晰的幸福内容也变得模糊与困惑起来。

人生观、世界观、价值观有一个共同基础就是幸福观，幸福观有多丰富人生就有多灿烂。幸福是什么？网上流传着一篇文章《从物质中获得幸福的时代已经结束》，作者传达的观点是：物质匮乏时代，物质的获取和增值提高了人们的幸福感。物质文明时代，精神的满足和充实才是幸福的源泉。应该说作者的观点不错，至少对大众阶层来讲如此。对那些有宗教精神、大慈大悲的先哲，有家国情怀、慷慨悲歌的仁人，舍生忘死、救众生于水深火热的志士而言，又另当别论。谭嗣同慷慨就义前"我自横刀向天笑"的壮语，给幸福做了一个别样的注脚。

第二个值得咀嚼之处是：幸福等于快乐吗？吃上一顿色香味俱全的盛餐，目睹一幅美如图画的景色，听了一场天籁之音的歌会，睡上一夜纾困解乏的美觉。这些让人心满意足的官能感觉是快乐，但不是幸福。幸福应该是一种更深度的快乐，它久远、厚重、复杂。它能让人颤栗，它能让人自尊，它能让人对生命进入一种觉知状态。它的表现特点常常是一种"痛并快乐着"的精神感觉。"痛并快乐着"是许多流行语中我最欣赏的一句，它最为活泼又不失严肃，最为鲜明又不失准确。应该是关于幸福的最好定义了。我也是直到体会了这种纠缠不清、欲言难明的痛中有乐、乐中有痛的感觉时，才知道什么叫痛快，才懂得了什么叫幸福。

俞敏洪在《过年的幸福与烦恼》里有这么一句话："最深刻的孤独出现在最热闹的世界。"他对"春节幸福吗？"的感觉是："这么多人互相热情问候，但想找来好好喝一壶的人并没有几个。"这种感觉在物质丰富的年代频频出现在很多人的生活中：纸醉金迷后的空虚，繁华热闹背后的百无聊赖，放浪形骸后的借酒浇愁。幸福需要事业去充实，需要情商去调剂，需要健康去打理。所以发掘并享受工作的乐趣，营造正能量的交往圈子，锻炼强壮的体魄是幸福的必要条件。

下面我想说说幸福的第三个问题：少年学子的幸福是什么？春节已过，许多少年学子视为幸福的时光即将结束。有时候我想：孩子们心里的幸福是什么呢？不是厚厚的压岁钱，不是七彩的爆竹烟花，不是豪华的亲朋聚会。是没有考试了！没有作业了！没有父母和老师那种充满着压力山大的期许目光了！教育反而使学生们为学习而焦虑，而抑郁，而噩梦常常，而心神不定，我们的教育工作者罪责难逃啊！怎么能把人生中这样一种高大上的幸福搞成了心有余悸的人生重负呢？教育不应该是这样的啊！

一首诗中有这样一句描写图书馆："天堂应该是图书馆的模样。"读书应该有压力，但这种压力仍然能吸引着孩子爱不释手，难以离去。读书应该有寂寞，但这种寂寞却能让孩子视寂寞为静好，视孤独为修行。

学习是一种幸福，但当遇到困难、遭到挫折时，就会生出烦恼，于是化解烦恼就成了幸福的能力。在幸福这个问题上，人有高下之分，品位之别，正因为优秀的人具备了于烦恼中咀嚼出甘甜的能力，才更多地体会到了"痛并快乐着"！

我在校园中时常看到两个男女同学在一起，不像是交换英雄所见，也不像是切磋学问观点，我判断他们企图远离学习中的烦恼，制造情投意合的幸福。在这里，当着全体学生的面，听我一句话：你俩错了。一错在如此的韶华，正是寻志同道合的年龄，不是觅情投意合的阶段，你俩误己误彼！二错在少了不该少的羞涩稚纯。一个老教育工作者说过一句话"世上最美的颜色是羞涩"。有许多次你们从我身边走过，我都没有批评你们，因为师生间这样纯洁神圣的关系，说这样羞涩的话题，我有点羞涩。

"一中大门朝南开，不想读书莫进来。"我希望每位郑州一中人都有咱们自己的幸福观，这个幸福观是郑州一中的文化核心。这个幸福观是什么呢？就是：享受读书，享受运动，享受思考，享受亲情，享受自由，享受孤独，享受爱与善的文化。一言以蔽之：郑州一中人的幸福就是天天向上。

不辜负社会的期待，不辜负学校的栽培

——2019 年开学典礼致辞

"不辜负社会的期待，不辜负学校的栽培"这句话，前半句是讲给郑北一中的校长、教师员工的，后半句是讲给郑北一中学子的。发言之前，我提议首先为2019年走进郑北一中大家庭的少年学子们热烈鼓掌，表示我们的期许和欢迎！

我的发言就从回忆认识你们开始。那是你们到郑北一中参加面谈的日子，你们从校门口走进报到的大厅，你们的脸上，烂漫中带着一点稚嫩，好奇中藏着一点陌生……看着你们，顿觉得有点神交，似乎是在我经常造访的清华、北大校园，但你们没有那般的成熟；又似乎是在我半生工作过的郑州一中，但你们没有那般的年纪。我想不起来了，只觉得反正你们眉宇间都洋溢着相同的英飒之气！真正让我们交流的是那张问卷，你们参加面谈之后，按照规定要求，需要在待离室等待全部结束。我们就设计了那张问卷，在问卷中，很多学生都工工整整地写出了回答的文字，你们写下了对学校校园设施、对老师温和可亲的态度的赞美以及对郑北一中未来的祝福和希望。有一些学生不约而同地写着：希望郑北一中的升学率再高一些！我哑然失笑，我们现在哪有升学率！我们是2017年开始招生，今年才有初中三年级。但我知道，这表达了你们的期盼，希望郑北一中千好万好升学好！校长和你们想到一块了！校长常给人讲，要做顶天立地的教育。何谓顶天？就是有自己的理论和观点，有宗教般的情怀和执着，有与众不同的经验和探索，有物华天宝的小仙境。何谓立地？就是满足了学生及家庭的合理需求，让孩子有好的学业成绩和为人处世的品德及情商。

在今天的开学典礼上，我想给同学们谈谈"郑北一中给学子们的教育是什么样的"。

现在的学校大致分为两个层次：一种是搞教育的学校，另一种就是搞教学的学校。搞教育本来是学校责无旁贷的使命，从学校这种社会型组织诞生之日起就决定了这一点。那时的初心很简单，就是怎么能让一代又一代的后辈子孙上一天比一天好的日子：生产资料丰富，社会结构有序，人际关系和谐，身体健康强壮，边境安全平静。为了达到这个目的，人们就通过口头后来又变成文字将经验和愿望传承到下一代人。这就是最初的教育啊！但随着生产资料分配的矛盾出现，尤其是科举制度这种通过考试确定功名的制度出现以后，人们的关系不仅增多了政治色彩，而且教育的市场化思维和人们的功利化思想相结合，很多学校就自甘堕落成教学的学校。所谓教学的学校，是指学校把可以变为考卷的知识技能作为学校几乎是唯一的师生交往活动。在称作学校的地方，不能量化、不能显性地呈现出来的品德培养、能力升级、情感化育都被束之高阁。家庭和学校为了获得近期利益（升学成绩）牺牲了中远期利益（建功立业）。

学生没有了忧国忧民的担当和胸怀，没有了建功立业的鸿鹄之志，没有了异想天开的创造思维，没有了为事业和追求献身的情怀和执着。

学生有了白加黑的刻苦学习，有了死记硬背的僵化记忆，有了因为丧失自主权利而生发的师生之仇、母子之恨，有了抑郁症和物极必反的游戏瘾。

学校本应该是一个春暖花开、鸟鸣虫啾的地方，中国古代教育经典《礼记·学记》中就有"弗牵、弗抑、弗达"的教育教学原则。在知识技能的学习上不能让孩子跟着老师亦步亦趋，在学生个性和思维的发展中不能压抑孩子的天性，在培养核心素养的方向上要给孩子留下足够的空间。这就是我们郑北一中的办学指导原则。

学生犹如庄稼，学校把能给的阳光给你、水分给你、营养给你，但成长的过程中还有狂风摧击、还有暴雨浇头。农夫可尽人力，但难管天事；教育可尽爱心，但难免学习之累。学校再好，不是你吹口哨的悠闲场所；这里作业没有堆积成山，也会使你手写不停。在可以承受的极限学习中，你必须全心投入、孜孜不倦。

我们追求的是一种耐得住咀嚼的幸福，这种幸福绵长味厚，这种幸福的表现不是激动，而是自我感动；这种幸福的表现不是得意，而是饱满充实。

我们强调纪律和自我约束。没有纪律就会是一盘散沙，没有自我约束，就没有素养和文明。在这个问题上，我们不追求那种流于形式和严厉的苛规，但我们必须执行大家约定的校纪班规。有人说师生一场是八百年修来的缘分，但如若违背了相应的纪律约定，我们将使这八百年修来的情缘毁于一旦。我们的祖先重诺重信，汉朝就有了约法三章，比西方的"契约精神"早了一千多年。

君子努力，三年不晚。从今日起，从一分一秒起，做有意义的事，做可预见到的三年之后的事。

郑北一中全体教职员工不能辜负社会的期待！郑北一中的学子也决不会枉费了学校的栽培！

北一之少年

——2020 年开学典礼致辞

同学们，老师们：

昨天是教师节，今天我们举行2020年度开学典礼。

节日之后再开庆典，再次对老师表示节日的问候和祝福，同时我们倡导：重视教育要从尊重教师开始，从教师尊重自己开始，从学生尊重师长开始，从家长尊重斯文开始！重傅则国昌，重傅则业旺，重傅则族兴！真正尊重老师才是真正重视教育！

接下来，我想问问大家：为什么开学选在了秋季？你认为设计者的初衷是什么？

年有四季，季各其忙，曰：春种、夏耕、秋收、冬藏。开学为什么不选在夏日、冬天呢？如果说夏日酷暑，热得人心烦意躁；冬天严寒，冷得人坐立难安。那么春天呢：日光和煦、草长花开、流水潺潺、万物萌动？

我觉得还是秋天好。经过了春雨似油的播种，经过了夏日炎炎的劳作，经过了阳光雨露的滋润，到了不躁于外、不乱于内的心平气和的饱满状态。这是一个启迪我们"两耳不闻窗外事，一心只读圣贤书"的季节！不闻窗外事，是不闻窗外的闲事、杂事、烦事、喜事、是非瓜葛之事、风花雪月之事、笙歌弦舞之事、车水马龙之事。"任凭风浪起，稳坐在学堂。"书是大世界，里面有家国情怀、有海阔天高、有悲悯大爱、有鸿鹄之志、有新松千尺、有幼竹万竿……

现在的许多少年缺少什么呢？一是缺少志向，二是缺少改过的意志和自省的精神。这种缺失错不在少年，原罪在父母和老师。自甘平庸的大人正在使你们成为碌碌无为的人！早期教育的学者说12岁左右是学生的心理断乳期，也就是说初中是走出混沌世界的真正开始，如果你们还是浑浑噩噩、还是慵懒无为、还是得过且过、还是向往声色犬马的生活，那么罪责难逃的就是你们自己！你们必须开始独立思考：未来的你们和未来你们的儿女；你们必须开始独立生活：生活中的挫折、生活中的艰辛、生活中的情感失落、生活中的琐琐碎碎；你们必须开始独立承担：承担你们的成功、承担你们的失败、承担你们的幸福和痛苦、承担你们的责任和义务。

性格上的缺陷和力量上的软弱，一是来自成人世界的社会性遗传，二是来自个人的麻木和放纵。人的优秀和粗鄙主要不在于前者而在于后者。

同学们，小学与初中的知识体系都相对简单，没有那么艰涩和深奥。只要努力就不会有学业的落伍者。学业的失败往往不是因为智商低，而是因为缺少志向和毅力，因为对学习感到厌倦和害怕。

梁启超先生的《少年中国说》有一段话，想必大家很熟悉："美哉，我少年中国，与天不老！壮哉，我中国少年，与国无疆！"这段话的前面还有一句话，它或许会让我们能更深刻理解这段话："造成今日之老大中国者，则中国老朽之冤业也；制出将来之少年中国者，则中国少年之责任也。"中国老年是建设不出少年中国的，少年中国只能是中国少年之不朽作品！由此我们可得出一个推论：创造出一个有所作为的未来的你，只能是你自己——你的生机勃勃的雄心，你的一以贯之的坚毅，你的脱胎换骨的改造！

在《少年中国说》的结尾，梁启超先生把"哀时客"这个充满悲观和无奈的笔名，更名为"少年中国之少年"。受此启发，我在这场演讲的最后，也送给大家一个名字"少年北一之少年"！

与天不老，少年北一！

天天向上，北一少年！

（2020年9月11日）

从自习走向成功

——2010 年 3 月 8 日在国旗下的演讲

　　正式提出"素质教育"已经十年有余了，而今几乎家喻户晓，报纸上、讲话里、大会上，处处可以听到"应试教育"的诸多弊端：增加学生负担，扼杀创造能力，妨碍全面发展，造成教师职业倦怠、家长焦虑虑心，等等。但在我们的学校里，学生还在为刷试卷头昏脑涨，教师假期周末还在为补课繁忙，课堂还是教师的"讲堂"。这是一个值得深思的现象：为什么有了"素质教育"的正确理念，"应试教育"却不能改弦更张？为了弄清这个问题的答案，我想谈谈大家不以为意的自习课堂。自习课堂已经从许多学校的课程表上消失得无影无踪，即便有些学校每周留存一到两节的自习课堂，也常常被老师占为他用。我常常想：或许我们的学习体系是从科举制度脱胎而来的，虽然科目设置、班级授课来自于西学，但教师和教材的绝对权威却传承了传统，所以我们即便作为教育者也对自习课堂的重要性认识不足。

　　自习课堂应该是课堂的一种重要形态。在自习课堂上做作业，仅是课堂的一项学习内容。自习课堂的内容和任务还有很多：整理课堂笔记；对从前学过的、刚刚学过的内容进行反刍、梳理、链接、归类；还要温习薄弱章节，预习即将学习的下一课知识；还要查阅资料，以求追本求源、融会贯通；还要切磋求问，以取人之长补己之短……九年义务教育中，许多学校进行着填鸭式的教学和完成任务式的练习，使学生没有生发学习的主动态度，丧失了觅食的能力。于是当没有作业的时候，学生就会无所事事。任务式的学习犹如劳役，使学生失去了读书的兴趣。所以有人说"作业的重负不在作业的多少，而在学生有无兴趣"。有的同学面对堆积如山的作业干脆找枪手完成，还有的家长主动为学生代庖应付老师……有的去聊天、听音乐，有的激动不已地回想着兴奋的球赛及街舞表演……

怎样重新点燃学生读书的欲望？怎样培养学生的学习定力？怎样矫正学生不良的学习习惯？怎样强化学生的意志品质？自习课堂承载着这一重大使命。

郑州一中针对自习课堂建设，提出了"入静、入定、入神"的理念。"入静、入定、入神"讲的是在教师的帮助下学生自我完成的修炼：踏进教室的门槛，管住自己的嘴巴。教室是传播知识福音的殿堂，应该小心翼翼地、满怀崇敬地守住这份静谧；坐到座位上，不能心猿意马，要求自己六根清净，杂念尽消，意沉丹田；进入到学问世界里，自然会平静如水、心无旁骛，心心念念、神向往之。"入静、入定、入神"是上好自习的三步曲。一个人做到了，他就是自己生命的主宰、强者，学习效果就会事半功倍。一个班做到了，班级就成了优秀者组成的群体，这个班就是春风和煦、阳光雨露的小天地，彼此就会互相优化、千舸争流。一个学校做到了，这个学校就是钟灵毓秀、物华天宝之地，校风和学风就是催万物复苏的春风，学校就是名校。

随着高考和评价制度的改革，分数将不能靠死记硬背来获取，这体现了学生核心素养中的应试能力，这个应试能力反映了学生接受信息、处理信息、解决新情景下问题的能力。好的自习滋生着决定学生未来发展的素质，我相信地上掉下一根针都能听得见的自习课堂，里面坐的人将来一定能在学业、职业、事业上取得成功。因为他们有自律意识，有定力，有执着于学问的追求，所以他们自己掌握着命运。

有人说"有什么样的土地就有什么样的民族"。我说"有什么样的自习，就有什么样的学生"。君不见，我们身边许许多多落伍的学生，都是不会充分利用自习的人，虽然他们一样聪明，一样有着很强的接受能力。

学会上自习吧，让学科素养从自习走向完善！让学业成绩从自习走向成功！

少年人要见异象

我和一中有关系

——写在《守望者的麦田》出版之际

儿子是一中的学生。

一

世界杯开始了，同学们都想看。可那是晚自习啊！

儿子的同桌从家里拿来一台小的笔记本电脑，放在老师的讲桌上，打开。全班同学一哄而起，都挤到前边观看。老师来了，也不声不响地站在后边。但人多屏幕小。此人心有不忍，说："我再拿个大的去！"一会儿果真又拿来一台，这一次他放在了自己桌上。谁知道，同学们都看那台小的，竟没有一人跟着他看大的。此人是个奇人。为了上一中，家里专门在学校附近买了房子。他贪玩，第一次考试就从入学时的前三十名弄到了三百名之后。老爸大恼，把房子收了。不过，他想啥时候回去就啥时候回去，荡荡然如入无人之境。两台笔记本电脑都是从那里拿出来的。他爸并不知道，还以为他真的进不去了。老师跟他谈了话，第二次考试，进到了二百名。表扬！又考，进到一百名。表扬！再考，进到了三十名。不知是老师忘了，还是对他太相信，没有表扬。下一次的考试又回到了三百名之后。从此再无批评，当然，也没有了表扬。儿子说，此人太个性。我读过的书他都读过，他读过的书很多我不知道。

儿子说，班里的学生只比学习，从不说谁的爹妈有多牛。不牛的不说，牛的也不说。有一个同学是单亲，他妈妈骨折了，班里的同学捐了钱。过了两天，此人向全班鞠躬致谢，却又把钱一一退给了大家。

二

儿子喜欢自学。我给老师写信，商量可否让他在家晚自习。老师批准了。他一待十几天，我受不住了。屋子小，不能大声说话！之后，儿子读大学，几门功课都是自学的。后来远走美国，快速适应纯英文环境，也得益于早年养成的自学能力。

儿子的小学、中学都不错，可他很少说起。儿子的大学也是名校，可他说起来诸多调侃。满面春风的，唯有一中。第一次从国外回来，就悄悄地回母校转了一圈，一中的新区也没有放过。

我说，你在一中就没有遗憾吗？他说当然有。说说我听！儿子说，他入校的成绩是314名，他自行车的牌号恰和他的名次一样。他怀疑车牌号是循此而排，很伤自尊。当我见到校长说及此事，校长一脸惊讶：是吗？这是绝对不能允许的。至此以后，再没有过类似的事情发生。

三

郑州一中的老师是伟大的老师！他们的幽默和机锋深藏在他们对教育的理解和对学生的爱护之中。我为儿子和儿子的同桌感到幸运，他们都没有被教育的利刃所伤。这不是由于他们自己有很好的保护能力，而是有一个能保护他们的环境。

上帝假女人之腹十个月创造出一个天才，我们假教育之手二十年把天才变成庸人。我们没上帝有本事，但是比上帝有耐心。从这个极端的角度来说，任何教育都是在扼杀人才。

天才不是"教"出来的，但离开"教"难成天才。从这个极端的角度来看，教育是成就天才的条件之一。

因此，教育是普天下最难的事业。

教育是普天下最具挑战的事业。

教育是个体的事业，教育也是群体的事业。

面对着比鸟和鱼差别还大的一个个个体，两千五百年前的孔子高声呐喊"有教无类，因材施教"。孔子重视音乐教育，提倡骑射教育，带着学生社会实践，周游列国十四年。孔子死后，弟子为此庐墓三载。古往今来，绝无仅有。

面对着如潮水般的知识，两千多年前的庄子就告诫我们，以有涯之生逐无涯之识，殆矣！

今天的教育是什么？

校长的书回答我，教育不仅仅是学知识。教育是激发学生对于知识的热情和好奇，是给予学生掌握知识的钥匙和方法，是尊重、是尊严、是探寻、是开发，是自由与奋进、是思考与担当，是美、是健康、是幸福、是爱与被爱。你当然可以视此为概念。但是，当这些概念被一中的师生一遍又一遍，一届又一届实践成通往幽僻之处的一条条小径的时候，你就会理解为什么人们腾云驾雾、钻穴打洞也要来这所学校求学了。

道不孤。德也不孤。

我和一中有关系。

学生家长孟宪明

2017年6月20日晚八时半于豫州混沌斋

是日大热。报曰，明日有雨。

作者简介：

孟宪明，河南文学院一级作家，民俗学家。

让人生路上飘满花瓣

——2011 年毕业典礼致辞

尊敬的各位嘉宾、各位老师，亲爱的同学们：

大家下午好！

今天是公元2011年5月15日，我们在这里举行庄严的仪式，隆重地庆祝2011届的同学们完成学业。这是朝夕相处三年的师生们共叙情谊、连接昨天、畅想未来的盛大典礼！在此我首先对圆满毕业的同学们表示最热烈的祝贺！对三年来为同学们健康成长付出辛勤汗水的教职员工们表示衷心的感谢！也对支持、爱护学校，关注、期待同学们成龙成凤的家长们，以及同仁和朋友们表示诚挚的问候和深深的谢意！更对即将踏进郑州一中大门的初三的小弟弟、小妹妹们表示十二分的欢迎！

五月骄阳，鹿特丹世乒赛正在续写国球的经典，河南老乡刘国梁用国手的成绩单作为祝福我们的毕业贺电！五月激情，NBA季后赛也在如火如荼上演，不管是"皇帝"如期加冕还是达拉斯的牛仔们彻夜狂欢，都是为我们的毕业搞的嘉年华汇演！

看着同学们，千头万绪，千言万语。还记得刚入校时，你们入驻"滋兰楼"时的稚嫩与青涩，转战"树蕙楼"时的昂扬与洒脱，跨进"积山楼"时的激情与梦想。三年岁月，三年求索，三年情怀，水杉林黄了又绿，丁香花败了又开，此时此刻，蓦然回首，数不清的点点滴滴，已经永远铭刻在记忆深处。现在，你们每个人都已经羽化成蝶，即将展翅高飞。望着你们，我欢欣喜悦；念着你们，我依依不舍。

多少离愁，多少别绪！成功与失败，欢乐与感伤，喜悦与惆怅，梦想与遗憾，情谊与恩怨，期望与彷徨，注定成为你们一生的记忆！十年以后你们或成为人夫、人妻，二十年以后你们或成为人父、人母，这些镜头与片段，都会若隐若现地漂浮在你们的脑海。愈久愈清晰，愈长愈深刻，愈远愈浓香！

你们还记得老师们什么？课堂上的引经据典，循循善诱，幽默风趣？自习课上的耐心辅导，解难答疑？看到你进步时的喜形于色？看到你退步时的愁容满面？看到你违纪时的暴跳如雷？看到你玩手机时的一脸反感？看到你早恋时的一脸遗憾？时间的流水，终会冲淡这一切。而留给你们印象最深的可能还是老师脸上加深的皱纹、增添的白发！

你们可还记得《心泉》的甘甜，《心韵》的柔美，《心绘》的磅礴，《心弈》的智慧，《心闻》的清新，《心弦》的感动，《心声》的陶醉？

你们可还记得碧桃路上的小卖部，宿舍楼前的樱花园，百家湖的粼粼水光，丁香路上的袭人芬芳，来年葱茏的湿地，绿草如茵的椅山？

你们可还记得食堂的饭菜总是没有家里香甜的抱怨，宿舍楼里时有的海豚音让自己难以入眠？作为校长，我只想说：没能够创造家的温馨，很抱歉！

你们可还记得冠军榜前的驻足流连？那时你决心暗下，虽然屡败屡战！文化长廊前膜拜大师，揣摩经典，使你知道了要像爱因斯坦那样做一个独立工作和独立思考的人，使你知道了要像哈基姆那样洞悉思想的尊严，使你知道了幸福就在进步和领悟之间。人一旦有了向往和追求，生活中就会有缺陷和遗憾。因为有痛苦和艰难，因为有挑战和回应，所以我们才会有诗歌和音乐，这个世界才会变得如此美丽，我们才会有悲剧和喜剧，我们个人才会有进步和领悟。

你们可还记得09级的学哥李争达（河南省第一块生物国际金牌获得者）在校庆六十周年典礼上的发言？当他听到同宿舍的同学说：知道你有早睡的习惯，我在厕所关了门学。他顿时觉得人生的路上铺满了花瓣，溢满了清香。他告诫你们说：要有一颗不甘平庸的、奔腾激荡的年轻的心；前面的路充满了机遇，若我们只顾及自己的现在，而不去展望一下未来，那么机会就在飞逝的现在溜走；但倘若我们有一个远方的目标，踏踏实实地一步一步地向前迈进，都能在梦想中创造奇迹！从此你相信了："因为一中，哥从来都不是传说！"

你们可还记得2008级的学姐鲁雪莹在《心泉》第17期上谈她步入清华大学后内心的感受对你的启迪？自主性强使一中和大学的模式很接近，在高中就得到了良好锻炼的一中学生，应付大学的学习和生活游刃有余。在一中，她学会了专注，明白了自己要对自己负责。一中的模式关心的不仅仅是学生在校期间能得到多高的分数，更关心学生离开一中之后能有多大的发展空间。从此你相信了："因为一中，姐本就该神奇。"

当然，当然你们更记得在座各位所创造的N个"哥的传说"与"姐的神奇"：吴柯蒙取得了第二十二届国际生物奥林匹克竞赛金牌的候选人资格，罗炳锋、王豪杰等16名同学取得了保送清华北大的资格，陈狄、王诗雨等15名同学取得了清华北大的自主招生资格，刘茜、崔昊天等170多名同学取得了全国各类名牌大学的自主招生资格，一中这个团队也荣获了全国教育系统先进集体、河南省唯一一所连续四届的全国百强中学、河南省唯一一所北京大学校长实名推荐3名自主生、同济大学校长实名推荐2名自主生的傲人荣誉。我相信，将来无论你们身处何方，身上所流淌的一中人的血液，将会催生更多的"传说"与"神奇"！

有太多的记忆想追溯，有太多的留恋想回味，有太多的感动想珍藏，有太多的祝福想释放。时间有限，感动无限！我只想请你们记得，你们留给我的点点滴滴的感动，我将永远珍藏在心间！

中国有句俗话"多年父子成兄弟"，于是"三年师生成兄弟"就成了郑州一中文化的一个侧影。你们喊王颖水老师为"水哥"，喊贾艳彬老师为"小胖"，喊张甲老师为"甲哥"，喊淡海彬老师为"淡淡"，喊田彦勤老师为"小甜"。真是父情兄情，水乳交融；母义姐义，义重如山。不管是老幼之情，手足之情，都是郑州一中永远传承着的舐犊之情！

学习节奏很紧张，竞争压力很沉重，你们疲惫，你们焦虑，你们有展现自己的欲望，你们有反叛独立的需求，在得不到及时释放和舒展的时候，你们自己给自己制造悲壮和豪情：你们把晚上作息时间要看流星雨的发狂叫作"暴动"；你们把看到的同学中他与她的吸引和亲近叫作"一对儿"，叫作"色"；你们为做保安的农民朋友"虐狗事件"愤不可遏，网上发帖要他们为狗礼葬……老师知道你们冲动，但理解你们的压力；老师知道你们幼稚，但理解你们的清纯；老师知道你们偏激，但理解你们的正义。"五四"时期无政府主义曾经盛行一时，年轻的周恩来受"觉悟社"的影响，决定废姓，用抽号码的办法重新确定自己的名字，他抽到五号，遂以"伍豪"作为名字。谁都是从幼稚走向成熟，老师的责任不是棒杀，而是让青年人安全走出这些事件，思考这些事件，教育就是包容中多些告诫，等待中多些引导，理解中多些分析。

你们即将奔赴考场，我这篇毕业致辞权作为出征前壮行的一杯酒。想一想"山不转水转"，想一想"天生我材必有用"，想一想"七分靠打拼，三分天注定"，想一想"事成于有意无意之间"，你们就会多一份平静和淡定。

你们即将离开学校，我这篇毕业致辞权作为挥手离别的一杯酒。想一想"天下没有不散的宴席"，想一想"好男儿志在四方"，想一想"天涯何处无芳草"，想一想"志在千里"，你们脸上就会被风吹去些许的感伤和悲情。

你们即将奔赴天南海北，我这篇毕业致辞权作为载满叮咛的一杯酒。想一想"为国尽忠，为家尽孝"，想一想"事在人为，路在人走"，想一想"彩虹总在风雨后"，想一想"与人为善，天必善己"，你们就会在未来的日子中多一些忠贞和大气。

走出校门，改变的是身份——学生变成了校友；不变的是情义——我们永远是朋友！我想大声说：朋友一生一起走，一句话，一辈子，一生情！

此时此刻，我想请在场的所有人一起见证这个伟大的时刻，为你们的成长欢呼喝彩！同学们，让我们一起为毕业欢呼吧！未来属于你们！精彩属于你们！

谢谢大家！

多年师生成兄弟

——2012 年毕业典礼致辞

今天是个隆重的日子，2012届全体毕业生相约而至；部分家长朋友远道而来；一些即将踏入郑州一中大门的初三学子也放弃了周末的休息和学习，赶来向我们庆贺，为我们壮行；还有2012届的全体老师和其他同仁，和我们惜别，替我们加油！我代表郑州一中全体师生感谢你们！也感谢我们自己，正像我们常常感动自己一样！

三年前的那天，天气是那样好，阳光是那么明媚，快乐的心泉流淌在你的脸上。你踏进了这所殿堂，你驻足在红榜前升起一腔鸿鹄之志；你流连在长廊里描绘着对未来的美丽憧憬。人生如文，总有许多段落，每一个段落都有一个新的开始，每次开始都让人平添一种摩拳擦掌的冲动和豪情。

生活像树叶一样稠，分手前的相聚，一片片的叶子怎么就化成了一篇篇故事，一张张面孔怎么就变成了一朵朵灿烂？

今天是个快乐的日子，人生最难得的是分手前的相聚！三年同校，怎么到今天我才这么强烈地感觉到我多么爱你们！正像你们爱我一样。爱每一位同学和老师，每一位家长和朋友，爱每一个优点和错误。爱让每一个人都成为一种不可或缺的色彩，千颜万色共同构绘了郑州一中这幅流光溢彩的美丽图画。

我们争吵过，怨恨过，嫉妒过，甚至互相深深伤害过。那是因为我们生活在一个圈子中，相距得太近太近，知道得太清太清，性格差距得太远太远。

多年同窗成兄弟，多年师生成兄弟。兄弟们虽然也会恶语相向，也会拳头相对，但我们知道：团队荣誉就是成员的荣誉，一荣俱荣，一损俱损！所以当海上风暴袭来的时候，"兄弟一笑泯恩仇"，我们还是同舟共济，我们还是扬帆破浪。最近学校行政会决定吸纳同学们的建议，将湿地那两片湖命名为"兄弟湖"，就是告诉将来一代又一代的校友们：郑州一中人，爱如兄弟！恨如兄弟！亲如兄弟！两片湖一水相连，一起风吹涟漪，一起流向地心深处！

三年，你、我、我们，在同一片蓝天下成长。佛家说"百年修得同船渡"。我们一块生活了一千天，这是多长时间的修行，才积下了这份缘！

今天是个惆怅萦怀的日子，虽然阳光照耀，却似乎有一层薄薄的雾纱弥漫在心间。虽然怀揣着志在四方的理想，但时到临别，想不到伸出挥别的手是那样的艰难！冬去春来，草枯草生，日落月出，莺来乌飞，叶绿叶红，桃谢榴开，时光逝者如斯，一场青春的盛宴终即人散，一群"耳鬓厮磨"的师生即将天涯两隔，未来江湖遥远，兄弟，祝你们一帆风顺！

今天是个回忆的日子，三年的生活画面、学习场景一下子涌上心头，令我们来不及剪辑：念诵《孔雀东南飞》某一句时的贼笑；停水时的奔走相告；停电时的激动狂欢，还有那一句"孤单是一个人的有电，狂欢是一群人的没电"的吼叫；光棍节那天，喊出的那句"两个黄鹂鸣翠柳，我连对象还没有"；宿舍床上，一起八卦"那些年，我们一起追的女孩"。晚自习时，宁静的校园内，传来远处大排档连绵不断的男女高音和烟花礼炮此起彼伏的爆响；下课铃响，涌向食堂的滚滚人流；你把西红柿炒鸡蛋讥讽为"西红柿拌番茄"，你把天寒时缺少热气的米粒调侃叫"冰晶"；你在校政对话会上向学校领导提出增加每周只有一次的洗浴时间；你在教学恳谈会上批评某某学科作业太多；你在游泳馆外，隔窗望着久久闭馆不开放的泳池，不无恶意地说"这里的水三年都没换过"；你抱怨学校的报告厅太小，没容下你找一个座位坐下来听讲座；你说过"最惨不忍睹的是试卷，最让人泪千行的是一落千丈的名次"。你体会过太多狼狈的时刻，你发出过太多唏嘘的声音。你戏谑数学老师卖萌，物理老师闷骚；大门口保安叔叔的那声断喝"同学，请刷卡"还响在你的耳边；"快点，要关门了"，宿舍阿姨摩挲过的你的后脑还有余温；你向谁传过"秋天的菠菜"，你向谁偷递过春天的纸条；你抱怨过修了又坏、坏了又修的热水器，让你口渴难耐；在贴吧里你说最喜欢一中的不是"鸭梨山大"，而是自由开放；你说你最不爱听课间操时播放的"撒拉嘿呦"和早上把你从梦中叫醒的《最炫民族风》；你说你爱常庄、爱万达、爱周三放水加"探监"；爱自习课入静入定入神，爱极品老师滔滔不绝唾沫横飞，爱威胁不准带手机，其实随你便；爱不准早恋，却对学生无伤大雅的青春期小恶劣睁只眼闭只眼。你说：一中不是放任自流啥都不管，只是想培养有自主精神的好孩子。你说："鸭梨"什么的，谁没有啊！从冰箱中拿出来，不就成了"冻梨"？哭得死去活来的，谁不是啊。找个朋友聊聊，彩虹总在风雨后。

今天，是个流连徘徊的日子，再看看我们的滋兰楼、树蕙楼、积山楼。滋兰为水，树蕙为木，积山有土，命里有水运长泰，心中有树人常青，屋纳精神土生金。再看看我们的翠绿竹林，虚心有节，四季凝碧，一生不枯。再看看我们的"破茧"雕塑，自我雕琢，破茧成蝶。再看看我们的"牧羊坡"，天蓝羊白，水盛草美，地任你跑，食任你觅。再看看我们的水杉林，以向上为使命，以挺拔秀于林。再看看我们的滴水潭，滴水成湖、滴水之恩、滴水穿石，让人咀嚼不尽。再看看我们的碧桃路、紫荆路、香樟路、丁香路、木槿路、瑞木路，还有我们的东西椅山。满目青翠，生机盎然。

今天是个感动的日子，感动《心泉》的叮咚、《心韵》的雅致、12·9大合唱的精神风貌、艺术选修模块汇报演出的精彩和热情。感动你们的率真和稚气，感动你们的纯净和洁白，感动你们愤青时表现出的活力，感动你们的通情达理，感动你们对学校和老师的包容与理解。

"心霖"环保社的同学写信并找到我，告诉我一些老师浪费能源的行为和现象，激动得声音颤抖，我感动得想掉下泪来。就在这一周，关于协商空调开放时间的校政对话会上，一位二年级的同学会后跟我说："我们理解和支持有关空调开放时间的规定，但我建议给三年级同学提前开放，他们再有不到一个月就要走了，学习太紧张、太辛苦。"先天下之忧而忧的大气和成熟充满于言语之间。

我们的每一位同学都是一朵花，只要爱他就会关注他，只要关注他，就会发现他的美丽和感动！今天是个告别的日子，你们不久就要离开校园。毕业是首歌，年年合欢花开的时节都会响起，有欢乐有忧伤，有高亢有悲凉。但不管怎样，它是命运中在三年前就注定的一个时刻。那就让我们唱起离别的歌谣吧。

校长、老师记着你们、念着你们、盼着你们。记着你们三年中的每一个镜头，念着你们每一个优点和错误，盼着你们每一个人的凯旋！

你们即将取得中学生学科竞赛的又一块世界金牌，你们中17人被保送到北大、清华，64人被保送到全国前十位的大学，近200人获得了985大学的自主招生资格，你们每个人都做到了最大的努力。郑州一中2012届学生是个优秀卓越的群体！

今天是个盛着满满期许的日子，你们毕业了，等着你们的是新的老师、新的同学、新的圈子，而你们的"超级马莉"、你们的"蒙娜丽波"、你们的"奎爷"、你们的"小胖哥"……还要再回到三年前的岗位上，拥抱和三年前的你们一样屁颠屁颠的新学友、新兄弟。新兄弟会和旧兄弟一样调皮、一样闯祸、一样落伍、一样进步，这时候，他们就会想起你！这时候，他们就会惦记你：你是否读懂了永远，读懂了自己？你的爱情之云是否成了雨？

你们走了，带走了郑州一中文化的濡染与烙印。你们走得再远，都走不出在郑州一中这段青春的岁月背景。三年前，你们蹦蹦跳跳地来了；三年后，你们又悄无声息地走了。既然留不住你们，那就带走郑州一中这片云彩，放在你们记忆的天空里。

你们走吧，世界上有许多藏着光荣和梦想的地方，需要你们用坚韧和智慧去发现，什么时候都不要悲观，什么时候都要去追求至善，什么时候都要记着担当和责任，你们就会成为真诚的人，有用的人，比普通好人更好的人，好人一定会成功！

你们走吧，记住回家的路，中国河南省郑州市中原西路182号院！再见！

一中有一个梦想

——2013 年毕业典礼致辞

今天，公元2013年5月10日。我们大家在这里隆重地举行郑州一中2013届毕业典礼。谢谢赶来参加典礼的家长和其他朋友们！你们的到来，给多日欲晴欲雨的天气带来了千缕阳光，真的感谢你们！

三年前我们彼此相识。开始结下师生兄弟的情缘。那是2010年，你16岁，郑州一中61岁。爸爸妈妈陪着你，迈进了和你祖父一般年龄的中原西路182号的大门。

你是完成了一个梦想来的。你说从小学六年级就立下了宏愿："上学就上郑州一中。"你把"郑州一中"四个字贴在你的床边。从那时，郑州一中就让你梦绕魂牵。你拿到郑州一中录取通知书时，爸爸和你击掌，祝贺你梦想成真！

你是怀揣一个梦想来的！梦想的路很长，有着万道水、千座山。梦连成串就像山叠成峦。你不是仅想上个好大学，你想得更高更远。你想有独立的精神，你想有自由的空间，你想铸就更多方面的优秀品质，你想对社会、对人类做出更大贡献；你要的不是知识，你要的是品质和内涵；你要的不是第一和状元，你要的是顶天立地的man；你不要死记硬背，你不要亦步亦趋，你不要只会纸上空谈，你不要志大才疏，你不要自私自利，你不要妄自菲薄，你不要自高自大，你不要市井庸俗，你不要目光短浅。你要的是卓尔不群，你要的是出类拔萃，你要的是与众不同，你要的是超凡脱俗，你要的是独秀于林，你要的是鹤立鸡群，你要的是标新立异，你要的是也许、似乎、大概是，你要的是然而、未必、不见得。

你将要怀揣一个梦想走出去。人生如梦，这句话不仅指人生倏忽而过，还指一生中人会有一个接一个的梦。人类从蛮荒走向文明的历史，其实就是梦想成真的历史。做梦要有物质基础和精神源泉。白岩松在谈到梦想的时候，说他小时候，是"一个根本不可能有梦想的，一个遥远边疆的小城市里的孩子"。即使已经10岁了（1978年），"梦想"这个词对他来说依然是一个非常陌生的词汇。物质贫穷、精神贫穷，难有梦，即便有梦，也是黄粱美梦。俗话说：人穷志不穷。毛泽东说"穷则思变，要干，要革命！"思变、要干、要革命就是要带着鱼跃鸟飞的鸿鹄之志，走到化茧成蝶的时候。

你的梦想中寄托着父母的梦想，当两个梦想自由融合的时候，就成了伟大的梦想。一代一代薪火相传，一代一代筚路蓝缕，才有了梦想成真。但你和你的梦想不在父母那里，不在老师那里，不在救世主那里，而是在你和你的脑海深处。设计梦想的是你自己，不是任何人。用前辈物质的、精神的优秀材料，自己筑成未来的梦：做一个好人，一个脱离了低级趣味的人，一个成功的人，一个幸福的人。

梦想需要执着地追求，梦想不仅是结果，更是不畏艰难的跋涉过程。从1862年林肯总统签署了《解放黑人奴隶宣言》，到马丁·路德·金于1963年发表《我有一个梦想》的著名演讲。整整一百年，但马丁·路德·金的演讲中还在疾呼：

"一百年后的今天，我们必须正视黑人还没有得到自由这一悲惨的事实。一百年后的今天，在种族隔离的镣铐和种族歧视的枷锁下，黑人的生活备受压榨……"

蔡元培先生1918年在一篇演说词中谈到了新教育与旧教育："教育预定一目的，而强受教育者以就之；故不问其性质之动静，资秉之锐钝，而教之止有一法，能者奖之，不能者罚之，如吾人之处置无机物然，石之凸者平之，铁之脆者煅之；如花匠编花草为鹤鹿焉；如技者教狗马以舞蹈焉；如凶汉之割折幼童，而使为奇形怪状焉；追想及之，令人不寒而栗。

新教育则否，在深知儿童身心发达之程序，而择种种适当之方法以助之。如农学家之于植物焉，干则灌溉之，弱则支持之，畏寒则置之温室，需食则资以肥料，好光则复以有色之玻璃；其间种类之别，多寡之量，皆几经实验之结果，而后选定之；且随时试验，随时改良，决不敢挟成见以从事焉。"

近一百年过去了，而今的应试教育不就是蔡先生所说的旧教育吗？之所以有变本加厉之势，之所以驱之甚难，根源在于中国人的民族特性中有太重功利的血缘。网语曰"一念起，万水千山；一念灭，沧海桑田"。任何一个梦想在时间的长河中，在浩瀚的宇宙中也不过是一念。跨越关山重重，走过江湖遥远；愚公移山，世世代代；改革使命，任重道远。我们的主体课堂、自习课堂、卓越课堂不是发明创造，而是蔡先生的思想承传。

校长也有一个梦，只有一个梦，因为校长只有学校这湾水，只有教育这座山。花开了谢了，树还在这里。人聚了散了，影子还在这里。你们来了去了，校长还在这里。这个梦是什么呢？叶圣陶先生在一篇《教育与人生》的文章里说了三点教育与人生的关系：一、以教育认识自己；二、以教育革新自己；三、以教育成就自己。这第三点若不论成就的标准和动机，应该是绝大多数学子共同的心声。但"以教育认识自己"和"以教育革新自己"，却在大多数人身上鲜见效果。古语有"人贵有自知之明"之说，可见认识自己之困难。这里认识自己主要指认识到自己的不足和缺点，甚至是自己表现在人性和基因上的劣根性。当然对于自卑性格来讲，认识到自己的优势和长处，也一样难能可贵；"认识自己"尚且难以做到，"革新自己"更非易事。用当下的话讲，是要革自己的命，其艰难可想而知！我们校园内"ZYZ"先生雕像立像之后，很多学生做了很多猜测，"ZYZ"先生是谁呢？是你与你，是我与我，是她与她。"ZYZ"取的是"郑一中"汉语拼音第一个字母组合。"ZYZ"先生的雕像寓意就是在认识自己的前提下革新自己。革新自己不良的学习习惯、不良的生活习惯、不良的交往习惯、不良的心理习惯。幼儿园有一句儿歌"自己的事自己做"，它不仅指自己穿衣、自己做饭、自己服务自己，更深层的含义是自己找出自己的毛病和不足，自己批判自己、修正自己。"革新自己"，绝不是与自己为敌，是自己做自己的净友；"革新自己"，绝不是利他主义，是高尚的利己主义。自己完善了、成熟了、智慧了、淡定了，自己就幸福，自己就生活在春光和煦的环境中。校长做到了吗？没有做到。还差得很远，但我在努力去做。也希望2013届学子和一中以前和未来的学子们努力去做，再影响并带动周围的人。一个民族若是一个认识自己、革新自己的民族，这个民族能不振兴吗？所以以教育认识自己、革新自己、成就自己是我和我、你和你、他和他全体人的一中梦。

三年郑州一中之梦，你和你圆了，他和他或有缺憾，梦的酸甜并不等于圆满或缺憾，梦想过程中的经历和体验、冲动和磨炼在脑海里烙下的印痕，将成为你梦工厂中筑梦的优质材料。

你和你将要走了，这些和那些日子的片段将会在你的梦里呈现：那片牧羊坡、那座小椅山、那泓滴水潭、那块桂花园、那张岸边孤单的长椅、那株兄弟湖上的睡莲、广场西边那两行法桐树、东边那196棵水杉……

你和你将要走了，这些和那些日子的片段将会在我和我的梦里出现：期考前后浩浩荡荡的搬书军团；某次停水你和你激动地狂喊；某次停电他和他奔走相告的狂欢。我知道那是青春压抑、那是作业太烦；我又知道你和你、他和他策划举办过两场元旦汇演；我又知道哪几个社团在某个星期天偷偷举行了浪漫派对；我还知道你和你早自习迟到，为了躲避查堵选择上楼的时间和路线；我还知道你和你为什么骂时间太快，为什么恨时间太慢。

我们即将分手，三年前就知道我们的相遇，三年后总会有终结。从滋兰到树蕙，再从树蕙到积山，你和你用双脚一步一步量出了三年青春的距离。从早晨到傍晚，从春天到秋天，我和我用年轮一圈一圈画出了一生梦寐的心愿。明天我们望见天空孤雁就会想起游子的你，明天你和你听到海上断鸿就会记起2013年的那缕温暖。走吧，记着你和你的小脸；走吧，带走我和我的惦念；走吧，记着你和你依依不舍的眷恋；走吧，带走我欲流又止的泪眼。

散的时候，我走到你的梦里，你走到我的梦里。聚的时候，你扑到我的怀里，我扑到你的怀里。你和你、他和他、我和我，咱们大家有约：拉钩、上吊，一百年，不许变！

人可以离，但心不可弃，兄弟永远，学谊永远，一中永远！

182 号院的归去来兮

——2014 年毕业典礼致辞

各位毕业生、各位尊敬的家长、各位来自于兄弟学校的领导和同学、各位嘉宾：

感谢大家莅临，今天我们在伟大的母亲节举行2014届同学的毕业典礼。我们充满着感恩、激动和回忆，还充满着伤感、恐惧和憧憬。这是个值得永远纪念的日子，今天我们在人生的路途中，打下了成年人的第一座界桩，明天我们就要向母亲和母校挥手作别！

刚才进入会场的时候，我看见一位家长的眼角闪烁着泪光。那是我看到过的一位母亲瞅着孩子迈出蹒跚的第一步时的表情。我断言，在你们结婚时、在你们喜得贵子时，你们的母亲还会有这种表情！所以我建议大家站起来，为她们热烈地鼓掌。让我们真诚地感谢母亲和父亲！谢谢他们十八年来日日的期待和厚爱，时时的鞭策和支持！虽然这种期待给了我们压力，虽然这种厚爱给了我们宠惯，虽然这种鞭策有时显得粗暴，虽然这种支持有时显得功利，但无论如何，你我都不能否认，这是一种世界上难以替代的、最无私的、最珍贵的爱！刚才母亲眼中的泪花，让我们充盈着温润和暖和的感觉。有了这种感觉，就是走得再远再累，我们也不会孤独、也不会悲伤；就是江湖再险再恶，我们也不会沉沦，也不会冷漠。让我们把5月11日的毕业典礼，作为有特殊意义的礼物，献给母亲，献给母亲般的师长们！

有句老话：从小看大，三岁知老。这句话是说3岁左右所受到的教育和表现，决定着成年后的出息和成就。但我认为这句话有着更多的含义：人从出生开始，每三年就是人生的一座里程碑或转折。18年前你出生了，15年前你上了幼儿园，12年前你上了小学，6年前你上了初中，3年前你上了高中。但15岁开始的周期才是你生命色彩中最浓墨重彩的一笔。15岁，有了强烈的独立意识，有了勃勃的青春萌动，有了对命运的苦苦思索。德国教育家本雅明曾这样说过："每个人年轻时都亲手转动过命运的车轮，从这车轮里迟早都会转出一生中的大事件。因为，只有15岁时意识或尝试过的事情，才会在将来某一天成为我们的精神兴奋点。"15岁那年你走进了郑州中原西路182号，曾记否？你躺在绿草如茵的牧羊坡上，凝望着天高鸟飞；曾记否？你站在"ZYZ"先生的雕像旁，一脸若有所思；曾记否？你穿过了滋兰、树蕙、积山楼的连绵长廊，寻觅着谁的足迹；曾记否？你驻足滴水潭那一汪碧水旁，俯视着水阔鱼跃。从此，你成了182号院的主人。晨观朝霞日出，暮望星棋月钩。从此，你如凤凰涅槃般地燃烧着少年的激情：作业的忙乱和春华秋实，考试的灰心和满园芬芳；此时的自卑和彼时的自负，昨日的矜持和今日的张扬，交织在你似锦般的生活里。182号院没有"教室"，只有"学堂"。你说"教室"让人感受到空间的压迫和时间的呆滞，"学堂"让人感觉到天空中白云的飘逸和全身毛孔的舒畅；你说主体课堂让你听见了"滋兰"一词中的溪水流淌，自习课堂让你沐浴了"树蕙"二字中的煦煦阳光，卓越课堂让你量出了"积山"的山遥路长。

你在182号院度过了1000个日夜，有多少次对话？有多少幅场景？有多少个梦想？有多少回惆怅？不知哪次对话、哪幅场景、哪个梦想、哪回惆怅，能成为你将来某一天的精神兴奋点，能谱写你明天某一篇的辉煌乐章！

一位教政治的老师告诉我：校长您是学化学的，但您知道吗？中世纪炼金术士们并不把炼黄金作为自己的最高追求，他们梦寐以求的是通过化学反应，得到一种叫作哲人石的物质。这是一种有着魔法般力量的神奇之物，人们通过它，就能从凡身肉体穿越到一个超凡脱俗的通灵世界。谢谢这位老师让我顿悟了科学的人文意义，让我聚神于怎样教育引导学生从物质世界走向精神世界的思考中：学子们明天就要奔向五湖四海，他们除了带着优秀的学业成绩，还能带着什么？一位学者说过："毕业三年后，人就会把学校所教的开始忘光。但一旦到了这个阶段，人才会开始渐入佳境。"被使用的知识变成了你的一种技能，被束之高阁的知识在记忆中留下了碎片。所以很多很多人，于很多很多年后，在时间的冲刷下，学校飘零在他脑海里的只剩下一个似曾相识的名称，犹如索然无味的人生旅途上走过的一个平凡客栈。但我们的校友中许多人离开了许多年，心里永远埋着一线藕断丝连的情思。时间愈久，记忆愈新。为什么？因为他们带走了中原西路182号院的"ZYZ"先生精神！2014届的同学们，这种精神会让昨天、今天发生在182号院的片段，蒙太奇般剪辑在你们明天、后天的故事中。

"ZYZ"先生的精神是仁的精神，我写过一篇文章《学校文化就是"爱"的文化》，阐述的就是这种精神。我想起了那句曾经在网上疯传一时的话："宁愿坐在宝马车上哭，也不坐在自行车上笑。"我还想起了高中时读过的一首诗：生命诚可贵，爱情价更高。若为自由故，两者皆可抛。对182号院的学子来讲，哭与笑都不重要，重要的是生命、爱情和自由。物欲横流的时代让青年人少了不应该少的天真，多了不应该多的看破红尘的少年老成；少了不应该少的清纯，多了不应该多的觥筹交错的你来我往。"成熟"二字在当下人的眼中，更多的是暮气、俗气。生命要鲜活，就要保留几分清纯和天真。清纯才有温馨和轻松，天真才有执着和锐气。早熟了难免匆匆间格局太小，晚成了方可从容中谋划宏图。好的教育不是不为，而是顺势而为。尊重自然，保护天性，这才是教育的爱，才是爱的教育。做个好教师，尊重学生是爱；做个好家长，尊重孩子是爱；做个好校长，尊重天性是爱；做个在自己岗位上求善、为善、尽善的人也是爱。应试教育就是知识的教育，素质教育就是爱的教育。如果我们信仰爱、装满爱、播撒爱，即便世界笼罩着阴影，我们也会面向光明！即便世界弥漫着绝望，我们也敢憧憬未来！即便世界充满着猜度，我们也高举着信任！即便世界发生着欺诈，我们也怀揣着真诚！

"ZYZ"的精神是自主的精神。"ZYZ"先生不靠造物主，用锤头和钢钎雕琢着自我。郑州一中的主体教育思想让学子们摆脱了那种监狱式的教育，榨汁机式的教育，过度强调秩序化、封闭化的教育。学子们对未来的想象力，久已泯灭的好奇心，初生牛犊不怕虎的勇气，异想天开的创造欲望，在主体课堂、自习课堂、卓越课堂三种课堂中得到了修复和茁壮成长。我昨天把演说词的第一稿拿给一位作家朋友，他看后说了一句话：你不要列举太多的名人，也不要引用太多的名言，凡真知灼见的文章都具有言之凿凿的鲜明个性！只有在脑海中删去了名言，你才会成为"ZYZ"先生！

"ZYZ"的精神是永远成长和完善其身的精神。这种精神不仅展现了人类与万物不同的进化特征，也是伟大与平凡的最本质的区别。平凡就是过早地开始了没有收入的经验支出。伟大就是从来不停止兼收并蓄的思想占有。美酒、美瓷是在长期的发酵、窑变中化蝶出来的。英雄亦如此！要具有这种永远成长的精神，不为年龄增长而衰减，不为一时成功而陶醉，不为偶尔失败而灰心，不为遭遇厄运而自弃。

15岁至18岁，是转动出一生中的大事件、转动出改变命运的精神兴奋点的年龄。蹉跎了会留悔恨，成功了会生遗憾。一些毕业的校友回想起高中，总有事不尽美的憾意，其实世事从来都是取之桑榆、失之东隅，从来都是得之于陇、舍之于蜀。春光秋色，只能一季一季地等；晨曦落日，只能一时一时地看；咖啡香茶，只能一盏一盏地品！你即便从头再来，仍会有美中不足之憾。不足其实是美的一个组成部分。四季复始，春去还有春来。路途漫漫，错过还会相遇。我们还有很多的三年，只要我们持志，只要我们追梦，只要你用爱、用执着、用青春、用汗水换来的"ZYZ"先生精神不灭，世界就会属于你、属于我、属于他，属于生于90年代的新一辈！

毕业典礼前，有同学建议典礼增加毕业生向学校寄存许愿瓶的环节，把以后5年、10年、20年……自己要实现的愿望装在瓶中，若干年后，到回来相聚启封的时候，再看到许愿的文字，可能已经成家立业、结婚生子，已经斗转星移、耄耋之年，那会生出多少沧桑之慨啊！这让我想起了黑格尔，他把哲学比作智慧女神密涅瓦的猫头鹰，有一段深情的话："密涅瓦注视着天边干枯的云彩，并没有目送它，密涅瓦知道它的去处，只在离开的地方来回踱步。"请允许我把你们2014届的同学们昵称为带着"ZYZ"先生精神走天下的猫头鹰。老师们知道你们的好去处，今天走了，明天还会回来！到那时，让我们在182号院——你们离开的地方，拥抱在一起、醉倒在一起，即便等到天边的云彩散尽。我们不见不散！

石榴花开的时候

——2016 年毕业典礼致辞

郑州一中四季都是花开的时节：迎春花开了，紫荆花开了，杏花开了，桃花开了，牡丹花开了……时间相接，香氲满园。我知道你们最喜欢的还是石榴花，早就祈盼着、等待着它的绽放。而今它已经开得一园芬芳。犹如你们18岁的青春，红花绿叶，满树流彩。

石榴，有着如火如荼的青春、有着饱满甘甜的果籽。16，有着逢六大顺的吉祥、有着水阔帆满的风头。所以你们称自己为郑州一中石榴届校友。

三年是人生的一个片段，当阅尽沧桑的时候，当耄耋之年的时候，三年或许成了模模糊糊的岁月胶片，也或许仍是铭刻难忘的清晰记忆：同桌的一注目光，师长的三言两语。在雨打芭蕉、茶室小憩、月明星稀的时候，你突然捕捉到那一缕眼神，那一掬情长。最近我在校园网上看到了2013届校友任冠楠的一篇文章《我与一中——关乎生命、爱情和自由》。不仅有一种体味人生的成熟，一种披肝沥胆的率真，更有"基于自由的自律、基于自由的自然、基于自由的自信、基于自由的自立、基于自由的自爱"，冠楠的文字乃是对郑州一中精神的解读。解读有众多版本，同学们各有各的版本，这些版本之间有相同相似的地方，正因为相同相似，才有了郑州一中人的风骨。也有相反相异的地方，正因为相反相异，才有了郑州一中精神的博大和活力。

"自主、自强、自省"构成了郑州一中精神。它建立在"唤醒自主意识、提高自主能力、培养自主精神"的教育理念之上。自主从意识开始，到成长为能力再到形成精神，应该是中小学阶段青少年的成长史。但当下自主却成了教育的最大缺失！当学校以掌握知识技能为主要目标，教师以设计出训练路径和方法为任务，学生以记诵、训练为学习方式，学生的心智世界中，就只能留下消化了的和未消化的知识记忆。没有作业就不会学习，就不会上自习课，成了高中一年级新生的共同问题！郑州一中主体课堂以最大化的个性学习和最精要的教师指导相结合为设计思想，通过重建教学关系和学习方式，重新分配学习时间，为学生提供了最好的教学过程。郑州一中反对喂猪般的催肥增重式教育。殊不知，创造力和学习兴趣的幼苗，只能在自主精神的沃土里长出来。没有了自主，学习的小船说翻就翻。

自主的行进中有更多的狂风暴雨、黑暗孤单。自主的火焰会被狂风吹灭，会被暴雨浇熄，会被黑暗的孤单吞噬。要想走得远、走得稳就要有自信和顽强。自主难，自强更难，从自主走向自强，是精神成长的第二次蜕变。自省是最难达到的境界。此时与彼时，此地与彼地，情况会千变万化，需要人们调整修为，才能臻于完善。这个世界信息很多，道理很多，理解的人也很多，但坚持实干的人很少，勇于自省的人很少，敢于修正的人很少。"人贵有自知之明"说的就是自省之难，难就难在敢于剖析自己的勇气！丑陋之处要敢于正视，疼痛之处要勇于忍受，只有直面丑陋与疼痛才会有大担当，大格局，大作为！所以自省是建立在自强之上的，它是精神成长的第三次蜕变。自省还要懂得示弱和谦卑，识得进退和权变，顾得大体和大局。没有自省，就没有

"又新、日日新"的长盛不衰。自省的精神就是进步的精神，就是中华民族脊梁的精神！

在一次抗战胜利的茶话会上，南开之父张伯苓先生得知平津两市被惩处的汉奸中，没有一个战前南开的毕业生，他得意地说："这比接受任何勋章都让我高兴。"这句话点燃了我对你们最奢侈的希望：做未来的科学家和领袖，做各行各业的杰出代表，即便做一个普通公民，也都是不辱家风的孝子，都是嵌着"自主、自强、自省"基因片段的一中校友！

同学们升入大学或直接到职场上去，会平添许多新的感受：周围某些人的傲慢和轻侮，同学或同事们的挤压和竞争，学习或工作的单调和劳苦，生活消费的清贫和窘迫，学业的艰深和沉重。在这种时候，你想退却了吗？你陷入绝望了吗？你不能退却！你不能绝望！人生都会尝到千滋百味，若你十二分地努力了，就等待吧。人生很多时候真的需要等待，熬过冬季春天就来了，熬过黑夜旭日就来了。四季交替、日夜相间，善与恶、美与丑、快乐与痛苦、雄性与雌性……上帝总是把对立的东西打包给人类。所以自然界告诉我们：咖啡苦中有甘，茶汤涩中有香。前人告诉我们：苦尽就会甘来。"让你难过的事情，有一天，你一定会笑着说出来。"这是电影《肖申克的救赎》中的经典台词。不管什么情况，不管什么阶段，你们一定要有目标，要义无反顾地向着目标大踏步前进，目标越远大，路途会越长，不要企图朝发夕至，很多人败就败在了耐力上。生活是一种过程，生命的意义其实就是体验出过程中的酸甜苦辣，并在一种幸福酶的催化下慢慢咀嚼出幸福来。"好事多磨"，磨的就是过程，人在逼近目标而未达到目标的时刻，才体会到那个涅槃的境界。

罗曼·罗兰说一个人应有的生活哲学是：能念书时你念书，能做事时你做事，能恋爱时你恋爱，不可强为，不可放弃。盘点三年的一中生活，不知道你做了哪些该做和不该做的事，留下了哪些该留和不该留的遗憾。一位上大学的校友说：校长，我给你说两句话，第一句是一中三年该做的我都努力做了，唯一遗憾的是没有谈场恋爱；第二句是如果让我回郑州一中重来，我觉得还要把这个遗憾留下。话说得意味深长，颇有禅意。记得我在有些场合悄悄给你们说过，高中不要早恋，因为这是把书念好的时期。现在要和你们分手了，我要大声地告诉你们：大学既是读书又是恋爱的时期，你们不要放弃这个机会！

金庸的小说里有一个故事：一个少年遇到一个姑娘，姑娘的母亲拜托少年，送姑娘去昆仑山找父亲。昆仑山万里之远，但少年真的跋山涉水，历经艰难险阻在昆仑山找到了姑娘的父亲。姑娘的父亲要感谢少年，少年说："我是送你女儿的，送到了我就该走了。"这个少年叫张无忌，少女叫杨不悔。我不知道张无忌是否毕业于郑州一中，但他表现了郑州一中教育的两点品质：一、"受人之托，忠人之事"的教育责任感；二、做了就做了，做完就走人，不藏一点私心。郑州一中师生三年成兄弟，有许多感人的事情和暖人的语言，现在要分手了，都不要说感恩。既然是兄弟，所有的好都是兄弟间应该做的事！相遇与作别有很多种场面，侠客们的作别就这么简简单单："送到了，我该走了。"多好！

该分手时就分手，风风火火闯九州！天下没有不散的宴席，今天我们相濡以沫，明天我们守望于江湖！记住这方蓝天，记住这片湖面，记住这对黑天鹅！今年雨水好，是收成石榴的年份，到了九月，果籽饱满甜美，那时你我挥手再见！小石榴们，说再见的时候不许哭！无论那一年那一季是哪一年哪一季，当你们回来找到那棵结出你们这些小石榴的石榴树时，再流出那行像石榴籽一样晶莹璀璨的泪花！

做高贵、高尚的英雄

——2017 年毕业典礼致辞

首先感谢这么多的家长和嘉宾们参加郑州一中2017届的毕业典礼。你们的到来让我们更加感到了这是一个多么重要的时刻！生命中发生的事情大大小小、林林总总，总有一些是不能重温的；世间的道路纵横交错、千条万条，总有一些是走不回来的单程旅途。十七八岁时的中学毕业典礼只有一次。这典礼，是师长和父母为孩子的第一次远行送别；这典礼，是关乎生命价值、道德学问的特别课堂；这典礼，是长辈们为勇士出征捧酒壮行时的叮咛；这典礼，是生命中最难忘的一次嘉年华。所以我们庄重，所以我们虔诚，所以我们热血沸腾。因为此情此景，从此定格为青春长卷里的历史镜头！

一、走向未来

2009年，我们在这里——夏辰广场举行了郑州一中第一次毕业典礼。从那时起，毕业典礼就渐渐成了郑州一中的文化符号。站在广场上，看到"夏辰"二字，蓦然意识到春去了夏来了，一个新的季节开始了。这是一个生命拔节、快速生长的季节，这是一个把一丝清凉也当作幸福享受的季节，这是一个用阳光抹出了秋色金黄的季节。同学们在郑州一中度过了三个寒暑，三十六个月的日出，不管是痛苦还是喜悦，她都给你播下了种子；三十六个月的月明，不管是挫折还是成功，你都刻下了她的印记。冬去春来、周而复始，说不定哪个日子种子就发芽了，长成充满你生命空间的大树。冷暖交替、否极泰来，说不定哪个时刻印记就发光了，变成一座照亮你灵魂的灯塔。我能想象得出，一个月以后，你的手里捧着录取通知书，兜里装着爱善的慈悲，心里盛着自强的铁锚，欲去还止地徘徊在学校的广场上……你的脸上不知是幸福还是悲情？你的心里不知是拥有还是失落？你的情绪不知是兴奋还是惆怅？……你们就要离乡远游喽！送走你们，我也要归去。我在教育的麦田里守望了三十六个春秋，虽然冬雪秋霜染白了我的双鬓，但是春雨夏风暖绿了我的心野。对人们来说，未来难免忐忑和恐惧，但也隐藏着好奇和冲动。你们正在上山，去寻觅夏季险峰的无限风光；我要下山喽，去等待冬天夕阳红的暖景。你带着夏季清风绚烂的憧憬，我带着冬天冰清玉洁的向往。夏季和冬天，只要天天向上，都是人生好季节！

二、大学不是驿站和港湾

你盼望着那张"211""985"的录取通知书，那是你手到擒来的必然结果，而我想得更多的是你安营扎寨于心仪的那所大学的一年以后，当日日面对枯燥的数据、琐碎的计算以及从早到晚的实验，那个"高大上"的科学家形象在你的脑海里还是那样的熠熠生辉吗？当时而遇到冷漠自私的师长室友，时而受到同学的排挤以及看到或听到你未曾看到或听到过的世态百相，那个"真善美"的社会图画在你心中还是那么的清新靓丽吗？当每天为了作业通宵达旦，夜以继日读书以及为完成学分寝食难安，那个"为了中华之崛起而读书"的豪言壮语还会让你摩拳擦掌、跃跃欲试吗？当常常努力却事倍功半、规划落空以及成绩事与愿违，那个"欲与天公试比高"的初心，还会让你"壮志未酬誓不休"吗？所以康德说："有一种美的东西，当人们接触到它的时候，往往感到一种惆怅。"到了大学可能会遇到很多令人沮丧的事情，碰到很多压力山大的困难，从小受到过度关注与呵护、沐浴在赞扬和欣赏的阳光里的你们，突然面对孤军作战的单薄、成绩落后的颓败、身心疲惫的消极，体验到从未有过的紧张、危机、无助、不满足、不公平的时候，会不会产生丢盔弃甲般的灰心甚至万劫不复的幻灭？我怕你们沉沦，怕你们从此平庸起来。大学对心智和意志将是更大强度的锻造。困扰了，你也不能麻痹；失意了，你也不能逃避；失败了，你也不能止步；窒息了，你也不能轻生！在软弱时、在心灰意冷时、在黑云压城时，你要知道自己人生的意义，你要坚信自己的追求，你要相信自己的价值观和信仰。做到既要奋斗不辍又要顺其自然；既要敢于选择又要耐心等待。一个人的一生总有一些痛点，挨过去了就会成为亮点，甚至成为生命的终极景点！霍金21岁被诊断患了卢伽雷氏症，医生说他只能活2年。可今年霍金已经75岁了，不仅创造了生命的神话，更创造了科学的奇迹。大学不是驿站和港湾，既不能马放南山呼呼大睡，也不能躲进小楼成一统。西方基督教有教年轻男性流泪的方式，有教他们如何去哭泣的宗教学习，他们认为哭不出来的年轻人是野蛮人，笑不出来的老年人是傻瓜。可是，在我们这里，不知从什么时候起，让儿童快乐，让年轻人快乐（是一种不分缘由、不分场合的快乐）成了我们社会的一种"政治正确"。在这种具有社会取向性的引导下，以浅薄、迎合为特征的快乐造就了一大批以自我为中心、缺少高贵意识、民粹主义观的青年人。尼采把人生分为了三个阶段：骆驼阶段、狮子阶段、孩童阶段。骆驼阶段虽然缺少独立性，但却磨炼出了承载重负、承受悲伤的耐心和耐力。我们的青少年太缺少磨难的体验，我们的学校太缺少挫折与悲伤的教育。小学、中学的十二年大概就属于骆驼阶段吧，但年轻的骆驼们却不知道什么叫长途跋涉、什么叫忍饥挨饿。骆驼要蜕变成狮子，就必须在大学里面自己给自己补上这一课！

三、生命的硬币

一个叫理查德·罗尔的修道士在耶鲁大学作过"论悲伤"的演讲，演讲中他提到了耶稣受难的十字架，他问十字架的意义是什么？就是"遭受苦难是有意义的，就这么简单"。理查德·罗尔还说了一句堪称经典的话："十字架（苦难）是不可替代的生命转型的象征。"所以，基督教、伊斯兰教的一些仪式中信徒们严厉鞭笞自己，以锻炼自己承受痛苦的能力。理查德·罗尔在这篇演讲里指出："一个良好的精神导师的职责就是引导你进入你的'悲伤'门槛。鼓励你不要畏惧悲伤，而是享受悲伤的状态，直到你已从中得到教训，最后引领你走出悲伤。"演讲中有一句话很发人深省："黑暗才是最好的老师，而非光明。"宗教是一种特殊的学校，它对人的精神和道德有着强烈的引导和威慑作用。教育也应该有特殊的宗教性作用，比如说虔诚、自律、敬畏等。可是我们的教育做了什么呢？对学生内心世界的漠不关心让学生习得冷漠，对考试和升学的追求让学生习得急功近利，从各种形式化的教育检查中习得虚伪。

尼采有一句名言："幸福的人生是不可能的，人类所能达到的仅仅是一种英雄式的生涯，最终以高贵的姿势，带着高尚的面容屹立着。"我理解尼采说的幸福是指生物本能的幸福，"英雄、高贵、高尚"不是幸福又是什么呢？而《功利主义》一书则把幸福称之为一种骄傲或者称之为高贵。《西游记》第二回中说孙悟空修道三年，自感法性颇通，根源坚固时，祖师对悟空说了这么一段话："非常之道，夺天地之造化，侵日月之玄机；丹成之后，鬼神难容。虽驻颜益寿，但到了五百年后，天降雷灾打你……再五百年后，天降火灾烧你……再五百年，又降风灾吹你。"高贵的、高尚的英雄志存高远，征程当然也有许多险阻和跋涉，难免遭妖魔鬼怪的算计和侵害。看来神仙和人一样，生命的硬币也有两面：一面是绝望一面是希望，一面是悲伤一面是喜悦，一面是黑暗一面是光明。我们说修为，就是要练出一种功夫：从黑暗中找出光明的路来，从冷漠中孕育出友善的芽来，从绝望中绘出希望的梦来。这种功夫是精神成熟的标志！有了这种功夫，不管情绪是多么的低落、事情是多么的失败、周围是多么的黑暗，都有再爬起来的勇气，都有屡败屡战的志气！

四、冲刺前的叮咛

现在到了高考最后的冲刺阶段，一些家长的忧心忡忡增添了学生们的不安和焦虑，二十多天后的那场考试，担心不能交出最好的答卷。我想给学生和家长们说两句话：1. 调理好身心最重要，要放下学业成绩再上一个台阶的奢望。当下的任务是不让心情烦躁，不让精力疲惫。昨天看了一篇关于国际象棋特级大师丁立人的报道，丁立人谈到自己下棋的时候，他说"心情好的话就有提升的空间"。下棋如此，考试亦如此。我们现在要做的是保证一上考场，脑海就灵光闪现，笔下就如有神助。2. 这个阶段的第二个任务是：坚持做些题、看些书，但不悬梁刺股、不焚膏继晷。目的是让脑子不生锈，做题不手生，随时处在一个眼高手熟的状态。我们能做的也就仅仅是这些了。我相信具有自主、自强、自省精神的一中学生可以做到这一点。

五、天高任鸟飞，巢暖等鸟回

伟大的事业，日常的谋划，有赖于众人的力量和智慧。青年人一定要学会交朋友，朋友会随着交往圈子的改变而改变，这很正常也很必要。要交好朋友——亦师亦友的朋友、情投意合且志同道合的朋友。这样的朋友才相辅相成、砥砺共进。具有自主、自强、自省精神的一中校友个能做宅男宅女，抱着与人为善的做人本心，端着尽心竭力的做事态度，掬着赤子之心的诚意，揣着众乐独乐的情怀，我们的朋友就会遍天下。切不可一条路走到绝境！切不可功名心过重！切不可成败感太强！当有颓败情绪的时候，要开导自己：通达乐观比什么成功都重要！

天高任鸟飞，九万里鲲鹏不属于小巢，它属于天空！天南海北是你的舞台，七洲四洋是你的疆域。愿你们是折不断翅膀的大鸟，尼采眼里的雄狮！鸟倦回巢，狮倦归穴，当有一天你们想念这间暖暖的小窝了，就回来看看。再相见的时候，你们都成了威猛坚强、无所畏惧的狮子。哈哈，我也变成了质朴率真、简单稚纯的孩童。少变强、老变小，懂得生命意义的人知道：正是因为存在着变化，生命才这般美好！那时的我可能成了养老院里的耄耋老者，你们问我："还记得我们的名字吗？"我说："你们的名字我都记得——ZYZ先生！"我骄傲地向院友伙伴介绍你们："这些科学家、政治家、劳动模范都是郑州一中毕业的！"你们怎样回答我呢？你们就说："你是我们大家的校长和老师！"人间沧桑，容貌可能难以相认，要记住我们的接头暗号不变啊！

归来的是"斜杠青年"

——2020年郑北一中毕业典礼致辞

2020届的全体同学们、老师们：

今天我们怀着虔诚的、惜别的、有点苍凉的心情在这里举行二零二零届的毕业典礼。遗憾的是三年来每一周风里雨里送你们上学、寒冬酷暑接你们回家，最疼爱你们的爸爸妈妈，因为疫情，不能亲临现场。我们应该先把感恩与谢意送给坐在屏幕前参加此次盛会的他们！

2020年新冠病毒肆虐全球。中国人民在党和政府的领导下，用了不长的时间，基本遏制住了疫情的蔓延，表现出了中华民族良好的秩序意识和万众一心的团结协作、攻坚克难精神。疫情告诉我们：天灾可能随时袭来，但只要人类正视困难，为克服困难不懈努力，并为此约束或改正自己的不良习惯，不随心所欲地放纵自己，就能化险为夷、转危为安。历史的经验还告诉我们——劫难的年代也往往是伟大的年代！

少年是人一生中最灿烂的时光，梁启超先生曾自名为"少年中国之少年"。他在《少年中国说》中满怀激情地说："美哉，我少年中国，与天不老！壮哉，我中国少年，与国无疆！"初中毕业典礼，是少年人生涯中具有里程碑意义的仪式。初中三年，从童年结束、少年开始到少年结束、青年开始，年少的你们发生了急剧的生理蜕变和心理蜕变。所以本杰明说：少年转动着命运的车轮，会转出以后惊天动地的大事情。

少年精神最宝贵的是自主精神。我们的校训是：自然、自助、自主。这六个字体现了0—3岁、4—11岁、12—15岁三个年龄阶段应该遵循的三个教育规律。"自然"就是爱护天性、发现天性、发展天性，而不是揠苗助长或不闻不问、任其自生。徐志摩先生把幼小的孩子比作花，他在《再谈管孩子》中说："养花是多简单的一件事，但有的花不能多晒，有的不能多浇水，还有土性的关系，一不小心，花就种死，或是开得寒伧，辜负了它的种性。管孩子至少比养花更难些，很多的孩子是晒太多浇太勤给闹坏的。"爱护、发现、发展天性，当是父母的育儿原则。

"自助"就是"自己的事儿自己做"。遵守社会秩序和公德，学会约束自己，培养生活自理能力，懂得为自己的行为负责，做到"吃一堑，长一智"。这些教育的经验或箴言，乃是人的成长、成熟规律。让孩子"自助"是对孩子的大爱所在，小爱容易，大爱则难！

"自主"则是少年、青年核心素养中至关重要的内核！"自主"不是口号。我们的文化中有一个可怕的东西——把充满着至善、至真、至知的灼见庸俗为口号。好的东西一旦变成"口号"，就会被束之高阁，甚至逐渐被人们视为伪善的东西。口号拉远了人们与美好的距离，把本来可以身体力行的东西变得可望而不可即。何谓自主？就是在教师、父母的指导下，自己对人或事做出识别判断，做出抉择取舍，做出规划安排，做到承载担当，做到调整修正，做到自我激励，做到反思总结。在"自主"教育的过程中，父母和教师犹如手杖和手电，起的是借力和借光的作用，而不是越俎代庖。"自主"是孩子进入少年时期表现出的强烈诉求，孩子可能用一种幼稚甚至扭曲的形式展示出来。譬如有的学生在寝室偷偷地喝酒抽烟，这当然是一种不良的行为，但我们要知道这不是他们的瘾癖和嗜好，而是他们对成人行为的模仿。正像朱自清所说，这儿"抽烟却成了派头"，他们羡慕"能够叼着烟和人说闲话……那满不在乎的神气"。古人不是有"为赋新词强说愁"的词句吗？那也是孩子们为了避嫌"少年不识愁滋味"的"傻小孩儿"形象，才有了"赋诗说愁"的表演化行为。因为孩子们开始知道"愁"是自主化下的个体才有的情绪，是独立的人格才具有的一种精神活动。所以我们要在保护孩子情感的前提下，尽可能多地采用分析、理解、引导、最后惩戒的教育思维，而不是管理思维。中学教育要特别强调孩子"自主"的权利、空间和时间，这是父母是否具有大爱的试金石。

前几天看了校长信箱里的一些学生来信，虽然内容不同，但大都可以纳入到"自主"这个话题上来。我想谈两个问题：第一，"自主"不是关于个人利益锱铢必较的维权问题。如果这样，我们的视野、我们的胸襟、我们的抱负就囿于一个较小的格局之内。郑州一中有个学生会主席在物业、学生、学校三方伙食管理会上的发言让我刮目相看，他既谈到了对食堂改进服务质量的合情合理的希望，也谈到了市场调查中发现经营的不易和困难，显示了一个青年中学生的成熟心智。有些学生从父母那里接受了这样一种观点：学生上学是交了学费的，所以学校要把学生当成"上帝"，应该为学生的享受提供无微不至的服务。据说还有的学生家长不让孩子参加宿舍的自我整理劳动，我认为这些都是非常错误的认识。学校的使命是什么？不仅是铸造优秀的学业，还要铸造精神强大、勤勉向上、有责任担当、品格不俗的优秀人物！商家与顾客的交往，除了要遵守公民基本道德外，两者关系的本质主要表现在商品质量与服务附加值的交换上。而学校则不一样，非营利性民办教育的性质规定：除了教育成本和学校发展外，学校不得有商业利益。家校之间不存在剩余价值的经济利润，两者关系的基本特征是教育关系，它是利益最大一致化的社会关系。"教育满意度"应该比"商业满意度"有更高的个体生命意义，而不是社会交换意义。

第二，研究早期教育的学者一致认为0—3岁的教育是人一生教育的基础，其他阶段的教育都是再教育。再教育首先是更正原始教育的失误，再是播撒新的教育种子，因为再教育包含了破旧、立新两个过程，其难度显而易见。

学校教育的本质属于"再教育"，一切学校的活动和制度的设计，都应从培养、匡正的角度出发。"校"本意就有校正的意思。再教育只有在所有相关教育者达到最大化共识时，才能成效显著。相关教育者包括教师、家长，特别应该强调的是，受教育者本人是最重要的相关教育者。受教育者本人的自我教育不仅是再教育的主要内容，也是最能体现充满"主人翁"意识的"自主"的内涵。

教育的过程是教师与学生、父母与子女的互动过程。中学生悟性好、读书多，受过良好的现代化教育，要有反哺老师和父母的责任！你们的父母、老师和年纪更大的长辈们生活在一个一穷二白的时代里，他们中绝大部分人的成长过程中都缺少深厚的人文底蕴和完整的教育背景，他们的知识、经验和三观，或多或少存在短板和局限性。有出息的中学生要有帮助长辈们的自信和能力；要有不再被呵护成长而是帮助父母老师完善的使命感；要有这样的气魄：因为有了我们，家族气象从此不同！改掉原生家庭给自己烙下的印痕是鸿鹄之志的重要体现。毛泽东因为有"恰同学少年，风华正茂；书生意气，挥斥方遒"的峥嵘岁月，才有了"惜秦皇汉武，略输文采；唐宗宋祖，稍逊风骚。一代天骄，成吉思汗，只识弯弓射大雕。俱往矣，数风流人物，还看今朝"的春秋画卷！

孩子们，你们大多是独生子女，成熟的时间或许滞后一些，但它延长了青少年时光，何尝不是一件好事呢！

"士别三日，当刮目相待。"希望你们上了高中、上了大学也常回母校看看……你们归来的时候，个个都不是讨嫌的社会"甲由"，而是英姿飒爽的"斜杠青年"。让我们学梁启超一起放歌：美哉，我少年北一，与日俱进！壮哉，我北一少年，天天向上！

2020年7月10日

从河塘游向大海

——2021 年郑北一中毕业典礼致辞

同学们、家长们、老师们、不辞劳苦赶来参加我校毕业典礼的嘉宾们：

今天我们在这里举行神圣的、庄严的郑北一中2021年毕业典礼。

三年前的那个金色的秋天，2021届的小朋友们怀着喜悦，从不同街区，不同小学荟萃在郑北一中，从此我们成为同学或师友，大家组成了一个充满憧憬的新的大家庭。

三年过去了，像一阵风，若一片云，让我不由得想起"子在川上曰：'逝者如斯夫！'"

三年里，你们在一栋楼里上课、学习，在一个操场上运动、玩耍，在一个餐厅里甚至一张餐桌上吃饭、聊天。朝朝暮暮，冬去春来，三年的师生成了兄弟，就像"多年父子成兄弟"一样。你们说是老师给了你们温暖和疼惜，老师说是你们给了他们成就和感动。你们在老师的眼神里读出了"恨不新松高千尺"的期盼，老师在你们的匆忙中看到了你们争分夺秒的拼搏；老师和你们有过入心的切磋和交流，也有过缺乏耐心的急躁和伤害。虽然说父和师对你们"打是亲，骂是爱"，虽然说兄和弟"打折骨头连着筋"，虽然说"度尽劫波兄弟在，相逢一笑泯恩仇"，但在这师生相别相送的时刻，有的老师告诉我，他为自己曾经的误会和过失生出赧愧之情。我们把"爱心、耐心、细心、苦心"写在了郑北一中的教育旗帜上，但我们却没做到尽善尽美，甚至还有不小的距离。看来"活到老，学到老，纠错到老"，应该是郑北一中老师们，也是即将走出校门的你们共同尊奉的信条。我们都有着前方，特别是你们的前方还很远很远，郑北一中师生都要用"路曼曼其修远兮，吾将上下而求索"的人生基调谱写出自己命运的乐章！

《读者》杂志2021年第11期有一篇文章《职场"鳗鱼人"》，我看了以后颇有收获：以前，很长一段时间我都把鳗鱼视作普普通通的鱼类，现在我才知道它是多么了不起，它没有庞大的躯体，也没有凶猛的猎食技术，但它却有极强的适应能力。它诞生在遥远的海洋暖流中，不停地游到海岸后再逆流而上，穿过激流和浅滩，游过沼泽和沟渠，最后终于找到了一处平静的湖泊或浑浊的池塘。日复一日、年复一年，鳗鱼不急不躁地蛰伏了十几年甚至几十年，直到它似乎听到了某种召唤，激发出久蓄的能量和热情。原来数十年的平平淡淡只是它的耐心等待，它向着大海又开始了新一次的远游。如果说第一次远游是为了成长，那么第二次远游就是史诗般的英雄归来！"飞龙在天"，首先要"潜龙在渊"，鳗鱼潜龙养晦了数十年，只为了等待生命中这仅有一次的凤凰涅槃。成功者为了"一鸣惊人"，而"三年不鸣""十年磨剑""卧薪尝胆""守拙藏锋"，以坚忍和弘毅、痛感和快意、努力和挫败解读了什么叫凤凰涅槃，浴火重生！鳗鱼那层外表黯淡模糊的黄褐色渐渐变得鲜艳清晰起来，两侧则变成了银色，鳍变得更长，眼变得更大更蓝，它终于在幽幽的大海深处，击水搏浪，无比欢畅！

你不觉得鳗鱼值得讴歌吗？它是鱼类中的翘楚，也是人类少年的师长。你看：海水河水都是鳗鱼的水，味咸味淡都是鳗鱼的菜，从不牢骚满腹、怨天尤人，从不挑肥拣瘦、嫌好嫌歹；不论海深河浅，不问海清河浊，不怕风呼海啸，不管斗转星移，什么状况都不能扼杀它的成长。它奋斗并快乐着，繁衍不绝、生生不息。这是何等随和、何等顽强的物种啊！

鳗鱼数十年的蛰伏，不懒不惰、不离不弃，但它绝不是安于逼仄的河塘，它是心无旁骛地专心于自己的成长。大海的大、大海的深、大海的风、大海的浪，不正是它奋斗拼搏以实现生命价值的梦想吗？它在自己力所不逮的时候，磨砺着自己的智慧，积蓄着自己的力量，一旦时机到来，"该出手时就出手，风风火火闯九州"。

鳗鱼为了理想，追寻千里万里，激流吓不倒它，浅滩留不住它，沼泽难不了它，沟渠困不得它。鳗鱼表现出不忘初心的执着，真应了中国那句古话——"有志者事竟成"！

鳗鱼让我想起了《孟子·告子下》一章中的名句："故天将降大任于是人也，必先苦其心志，劳其筋骨，饿其体肤，空乏其身，行拂乱其所为，所以动心忍性，曾益其所不能。"郑北一中2021届的同学们都是"小鳗鱼"，郑北一中的河塘虽小，但足以让你们修身修为、砥砺鳍尾；短短数百米的长廊足以让你们知晓天下事、读破万卷书。河塘连着大海，只是海有点远；长廊接着天空，只是天有点高。正因为海远天高，才给了我们颠踬爬起、败而再战的取胜时间。我们郑北一中的毕业生，有的武艺高强，可以蟾宫折桂；有的斗志刚盛，等得来日方长；有的始才顿开茅塞，可谓补牢未晚……

马克·吐温在《婴儿》中有这么一段话："在全国三四百万个摇篮中，有几个摇篮将被我国视为神圣的文物而世世代代地保存起来：因为在其中的一个摇篮中，一位迷迷糊糊的未来的法拉格特（美国海军上将，在美国内战中立下显赫战功）此时正在出牙；在另一个摇篮里，未来的天文学家正无精打采地对着闪烁的银河眨眼；在第三个摇篮里，未来的大史学家正躺在那儿，无疑要躺到这平凡的使命完成为止；还有一个摇篮里，未来的总统并不是为国家大事而操劳，却是为头发这么早出了问题而烦神；在一长列其他摇篮里，大约有6000名谋求官职者，正准备向这位未来的总统提供解决这一老问题的办法！"

孩子们，你们就是已经长成少年的那些婴儿，再过若干年，谁敢说你们当中一定没有享誉全国和世界的天文学家、历史学家、政治家、军事家和未来的共和国英模呢！

"自然、自助、自主、自省"是我们的校训，也是我们的教育宣言书，它是德智体美劳全面发展的郑北一中的表达。两个月后，你们2021届的同学们将要到不同的学校去，相信郑北一中长大的"小鳗鱼"带着郑北一中的文化基因，怀揣着鸿鹄之志，一定会表现出努力不辍、百战不殆的精气神！"小鳗鱼"们，离开郑北一中这片河塘，前方就是浩浩荡荡、万顷波涛的深海大洋！

栽培自己

——2022年郑北一中毕业典礼致辞

同学们、老师们：

今天我们在这里举行2022年郑北一中九年级毕业典礼，因为疫情防控，家长朋友们不能亲临现场，你们的缺席成了毕业典礼的美中不足，这让我想起了断臂的维纳斯，为什么世上臻至完美的作品总是带有遗憾呢！三年来你们无私地为孩子付出了心血和劳累，也倾力给予学校关注和支持。我曾读过许多的家长来信和发表在学校公众号上的文章，字里行间透出对学校的信赖和爱护，对教育的理解和关心。在这里向你们表达由衷的崇敬和感谢！

同学们，在即将握手告别之际，千言万语，却一时不知道说什么好。在草拟这篇演讲稿的那天早上，我踏进校门，迎面楼上的"四自"校训"自然、自助、自主、自省"映入眼帘。这八个字既表达了北一小学的童年、北一中学的少年成长过程中的心灵追寻和精神皈依，也宣示了北一学子在将来漫漫长途中坚守的信条。

教育是什么？教育就是把知识、真理、德行等一切真善美的东西内化为个体的心灵世界。内化要经历一个接收、承认、信赖乃至于变成不由自主行为和下意识习惯的过程。"自然、自助、自主、自省"就是这个成长链条上不同年龄阶段、不同心理特征的内化表述。"自然、自助、自主、自省"叙述了一个自我栽培的过程，何为"栽培"？就是顺应所有生灵的天性，避开弱势或弥补不足，让造物主恩赐的物种生命得到自由的生长。所以栽培寓意了尊重生命，发扬优势的双重内涵。有个教育家说过：人一生最关键的教育是幼年母亲的教养和小学、初中的学校教育。用这种观点看，家长和教师同样都是天赋使命的教育工作者。教育者不能有暴戾、漠然、嘲笑的行为，因为那会摧残了幼苗的自信和勇敢，压抑了生命；也不能宠溺、放纵、圈养孩子，鲁迅说过"生活太安逸了，工作就会被生活所累"，过度呵护孩子等于剥夺了个体社会化必须有的阅历和体验，使存在于不同个体中的不同优势陷入病态化状态。父母是栽培者，老师是栽培者，自己更是自己的栽培者，自我栽培开始得越早，延续的时间越长，人就越优秀。"八字校训"着眼于两点，其中，"自然、自助"主要指的是发展天性；"自主、自省"主要指的是修剪人性。

我有一种教育观点：家庭、学校、社会的教育若不能最终实现"栽培自己"的自我教育，这种教育就缺少创造力，就缺乏活力。"栽培自己"实现了从"外教"到"内省"的升华。

一般认为，栽培常常来自于他人，诗曰"好风频借力，送我上青云"，但不管是生活中还是学业上的更上层楼，得遇贵人或恩师都要"打铁还需自身硬"。这是"栽培"的注脚。孩子们啊，只有当一个人有了本事、有了才学、有了修行、有了潜能、有了立足资本的时候，才会得遇栽培、时来运转。

宋朝苏舜钦《题花山寺壁》有一句诗"栽培剪伐须勤力，花易凋零草易生"，说了栽培的艰难，第一难是"勤力"，能吃下苦是"力"，能常吃苦是"勤"，成功的人往往都是能嚼得菜根，事事尽"力"而为。其实"苦"带给不能吃苦的人和会吃苦的人，在感官上的生理意识绝无不同，不同的是心灵深处有无理想和兴趣，当理想和兴趣的幸福大大的时候，苦不仅淡了，而且会生出甜来。第二难是"草易生"：安逸的生活、奢侈的享乐，虚荣心、优越感等容易让人们欣然受之，这是人性的弱点。但成功的人很少有这些大多数人身上都有的人性弱点，为什么呢？因为他们长年累月、坚持不辍地栽培自己！

同学们，初中毕业意味着你们从少年跨进了一个新的人生阶段——青年，你们有了相对更独立的空间和时间，有了相对更独立的需求，也有了相对更独立的必要。独立过程中享受阳光、雨露的滋润，那是必需；但独立过程中经受锻造的击打，那是必然。谁在这个击打面前没有做怂包，谁就能理解了"自我栽培"的涅槃意义。以后的日子里，谁再依靠爸妈叠衣叠被、呵护伺候，谁将来就是巨婴！谁再止步于困、妥协于难，谁将来就不会"成名"！谁再依赖老师讲解知识、布置作业，谁将来就不会"成家"！谁再得过且过、苟且偷安，谁就没有未来！

我的老家流传着一句坊语"自己跌倒自己爬，指望别人不中挝（zhuā）"，这种传统精神因为少子化家庭结构时代的出现而弱化了，以至于出现了五花八门的新词汇，什么"啃老族""巨婴""躺平"。这不是孩子的错，而是父母"爱子却不知为之计深远"，龚自珍曾写诗讥笑这些父母："谁肯栽培木一章？黄泥亭子白茅堂。新蒲新柳三年大，便与儿孙作屋梁！"同学们，你们不能埋怨父母缺乏栽培子女的远见和能力，15岁的少年当自强啊！栽培自己，挽救家庭教养的缺失！栽培自己，弥补学校教育的不足！栽培自己，一步一个脚印地走向远方！栽培自己的过程，是阅万卷书的过程，是行万路的过程，是三省吾身的过程！

初中毕业，是人生一座重要的里程碑，伟大的教育家怀特海说过"自我发展才是有价值的智力发展，而这种发展往往发生在16岁到30岁之间。"你们已经进入了"最有价值的智力发展"年龄阶段，我希望北一学子把"栽培自己"作为明天的座右铭，去沐雨栉风，去击水三千，去九天揽月！

同学们，再见！

人生的蜗牛精神

——2017 年高三启程大会致辞

老师们、同学们：

下午好！

昨天是2016届高三的毕业典礼，今天是2017届高三的启程大会，明天就是2017届的毕业典礼。时间就像一个链条，连缀成了郑州一中的辉煌历史。

启程就是向着彼岸开始进发，若没有了彼岸，大海中的航船就成了飘荡的小舟。我们的彼岸是什么呢？我们有很多彼岸，近期的、中期的、远期的……彼岸就是我们的目标：一年后考上心仪的大学，十年后从事一份有意义的职业，二十年后完成我们的人生理想，人生终老的时候画出我们满意的生命图画。但光有目标还不行，还要有一种精神，人生必须有的蜗牛精神。

高锐老师给我讲过一个蜗牛的故事：《於陵子》中写过一只蜗牛，这只蜗牛有走遍天下的雄心。但东上泰山，估计得走3000年；南下江汉，还得走3000年。而算算自己，只有一年寿限。于是悲愤至极，含恨枯死在蓬蒿之上。

这只蜗牛确定了很好的目标，只可惜连第一步都没有迈出，就在困难面前倒下了。古人有话：艰难困苦，玉汝于成。渴望幸福，必须承受更多的痛苦；追求成功，就要历经更多的失败。西方谚语说："世界上只有两种动物能到达金字塔顶。一种是老鹰，还有一种就是蜗牛。"我们可能是老鹰，也可能是蜗牛。但老鹰有老鹰的气概，蜗牛有蜗牛的精神。有了气概和精神，就变成了强者，就体现出伟大。弱者和强者、平庸和伟大的区别，不仅是有无雄心和理想，更是有无坚强的意志和耐力。蜗牛凭着爬上金字塔顶的雄心大志，凭着锲而不舍的执着，站在了无限风光的巅峰。自然界中有很多生物种群，都具有这种蜗牛精神，凭着这种精神，它们繁衍生息，繁荣壮大。俞敏洪说："骆驼走的路要远远比马多，因为马跑一会儿就会停下来，而骆驼一旦开始走，如果不让它停，它是不会停的。"骆驼在茫茫无涯的戈壁中，忍受着干渴和饥饿，凭着生命不息、前进不止的耐力，把荒凉和困境甩在了身后，终于到达了前方的绿洲！在治学的道路上，勤奋和聪明同等重要，或者说前者更甚于后者。

还有一种蜗牛，它爬到了高铁上或飞机上，几小时就飞达泰山或者江汉，就遨游云端，高高地越过金字塔顶。荀子在《劝学》中告诉我们："假舆马者，非利足也，而致千里；假舟楫者，非能水也，而绝江河。君子生非异也，善假于物也。"

现代社会为我们提供了多样化的选择，适当地借助外界条件达成目标不失为一种明智之举。知原则，懂变通，守正出新，这是多么优秀的禀赋。

蜗牛精神不仅是一种进步向上的精神，还是专注无它的精神，如果蜗牛流连风光，如果蜗牛沉湎景色，金字塔顶就永远不属于蜗牛！高三最是读书成败的关键一年，任何旁骛和分心都会导致功败垂成！在我们郑州一中，偶尔会看到个别男同学、女同学亲狎过度，我都会不好意思地转过脸去，想起一位先生说过的话"天下最美的颜色是羞涩"。少女怀春，少年钟情，不是说你不应该产生这种情愫，而是说你不应该放任这种情愫！

柏拉图说："世界上最令人遗憾的事莫过于轻易地丢弃不该丢弃的东西。"你不该在这个时候让儿女情长弱化了拼搏向上的斗志。

我们是郑州一中的高三，我们有正确的学习理念和学习氛围，"近积山者先得月"，西流湖公园的四季和风，南水北调运河的澄净流水，东边湿地的百鸟朝凤，西边操场的龙腾虎跃，在凉亭中独坐，在摇椅上休憩，沿石梯拾级而上，顺廊桥信步遐想，物华天宝的郑州一中，是你、是我、是他！金字塔的郑州一中，是老鹰的远方，是蜗牛的攀爬！

博弈的乐趣

在人生观、世界观、价值观三观中，人生观决定着世界观、价值观的选择和形成。

姜育恒的《再回首》中有这么一句歌词"平平淡淡、从从容容才是真"，听到很多时候很多场合很多人在说这句话：有的人一脸自嘲，掩饰着自己的碌碌无为和苟且偷生；有的人一脸不屑，得意于看破红尘的老成。我似乎觉得一些人在前进的道路上遇到困难时，当一个阶段或一个行动遭遇失败时，当一个学生学业成绩欠佳时，他们往往放弃努力而随波逐流，就是受了这种解读的心理暗示。其实，这句话是说，平淡才是人生的真实写照。一生中发生的大大小小的事，更多是司空见惯的东西。天上掉馅饼的事、一夜暴富的事，正因为不平淡得侥幸，不平淡得不费吹灰之力，才钓起了人们的贪欲，才成了现实生活中许多骗子屡试不爽的骗术。平淡不是平庸，是让你脚踏实地、从点滴做起，是让你不好高骛远，从平凡之处求伟大，在腐朽之处见神奇。平淡是平常心，向着远方风雨兼程，不念叨着远近，不以成喜、不以败悲。高考就高考，考前不虚度光阴，考后不执着结果。发挥得好是上天奖励辛劳的馈赠，发挥得不好是上天降之大任的特别安排。"塞翁失马，焉知非福！"平淡是淡泊。在追逐理想的进程中淡泊就是轻松，就是卸下众人放不下的包袱，看淡众人留恋难舍的功利。往往在这轻松中，迸发出许多灵感，长出无心插柳的树荫。淡泊不是清高，是洒脱，是有大目标者的明白，有大格局者的智慧。平淡是平静，外面天崩地裂，内心纹丝不动；外面电闪雷鸣，内心云淡风轻。我们的不少同学，看着高考日近，焦虑不安。为成绩名次的徘徊而灰心，为一道题目的失手而自疚，进而乱了方寸，失了通灵。从此生花妙笔没有了，神来之思没有了。真的是江郎才尽了吗？不是，是名缰利锁锈住了你的思考机器。考场最需要的是轻松！歌德说过："创造力在休息和睡眠中和在活动中都可以起作用。水有助于创造力，空气尤其如此。空旷田野中的新鲜空气对人最适宜。在那里，仿佛上帝把灵气直接嘘给人，人由此受到神力的影响。"孩子们，耕耘的时候不要考虑秋后的收成，人做天看，人为天定。考完了，仰天长笑打球去！

我不断听到一些毕业多年的人说他们至今还在做参加考试的噩梦。让人听了有一种难以言表的悲愤，愤的是我们的教育给民族的精神成长留下了本不该有的阴影；悲的是我们多少有独立意识和自主精神的人倒在了这个错误的指挥棒下。若是我们有更多的优秀家长和具有真知灼见的老师，完全可以逃出阴影的笼罩，走到阳光下。

在人生的几十年里，过来人常常有白驹过隙的感觉。感叹蹉跎当初，后悔不能重来。他们多想"再从头，收拾旧山河"！"为赋新词强说愁"的少年朋友，你们不知道他们心里那种"白了少年头，空悲切"的绝望是怎样的一种扼腕之痛！等你们到了"怎一个'愁'字了得"的人生后半程，你们也会有人为曾经的蹉跎而望洋兴叹。人生旅途没有返程，一次船票就载你到达了人生的彼岸，绝不给你回头修正的机会。所以有人说世上本没有英雄与庸者，所谓英雄，就是在人生重要关头选对方向的人。过来人都深有体会：咖啡苦，苦中方知味厚；茶水苦，苦中才值品茗。少年学子处于容易沉湎于玩乐，耽搁于怀春的年龄，所以我要告诫你们：少年有志当擎云。春天是万物生长的日子，不是成熟收获的季节。花朵绽放要等，耐心地等，等着春风雨露后的国色天香；果实饱满要等，耐心地等，等着日晒光合后的籽儿甘甜。有句流行语说，人一定要有梦想，万一实现了呢？所以花儿在春天要有一个芬芳的梦想，果籽在春天要有一个甜美的梦想。梦想在，奋斗就要跟进。什么是奋斗？奋斗就是寻找挑战，接受挑战，战胜挑战。寻找的过程，接受的过程，战胜的过程，就是博弈的过程。凭着意志，凭着智慧，凭着人和，上苍都会眷顾，神明都会关照！但神明不渡不虔诚、不笃定的人，《西游记》中佛祖在西天取经的路上设置了九九八十一难，就是在考验唐僧的意志和慈悲。通往梦想的大门口，聚集着成万上亿报名的人，上天只给少数人发放通行证。这些人还要翻过崇山峻岭，还要蹚过湍水激流，梦想就在惊涛骇浪里，圆满就在披荆斩棘后！

时下最红的电视节目主持人董卿在接受《南方周末》记者采访时，说了一段话："我现在还能回想起我自己的学生时代，那种夏日午后，好多同学在教室里昏昏欲睡，但是知了叫着，阳光透过树叶灿烂地照下来，那种场景美得想让你痛哭一场。那种安静、知识对你的浸润，后来就再也没有办法遇到了。"你们在高中的时光已经屈指可数了，你们应该怎样给自己未来的回忆，留下"安安静静读书"的美丽场景来，你们懂得！否则你们将来也会嚎啕痛哭一场，却不是因为董卿说的那种美，而是"白了少年头，空悲切"的遗憾和内疚！

我是即将退休的人了，有很多时候，在回想过去的日子。哪些日子最苦，哪些日子最幸福，想来想去还是觉得奋斗辛苦着的时候最幸福。女作家陈学昭有一本书《工作着是美丽的》，工作着=辛苦着=美丽着！梁启超先生说："人生最快乐的事，莫过于看着一件工作的完成。"这种"如愿以偿"的快乐便是至高无上的幸福。佛家说：烦恼即菩提。叔本华也说："幸福快乐是消极的根本不存在的东西，所谓快乐幸福乃是解除苦痛之谓。"看来，"平平淡淡才是真"的正确注脚应该是"幸福即痛苦、痛苦即幸福"！

我们离高考还有100天的时间，100天对只争朝夕的人足够长了。海伦·凯勒发出了"给我三天光明"的呐喊！三天的时间，海伦·凯勒一定不是以分以秒，而是以皮秒、飞秒作为时间单位。100天在海伦·凯勒的眼里，该是多大的奢侈啊！佛家说：呼吸之间，即是永生。当呼吸不虚掷生命的时候就成了极具意义的瞬间。让我们把这100天变成有意义的无数个瞬间，变成风雨兼程的无数个瞬间。若真能如此，我们追逐的远方还远吗？远方不就成了唾手可得的、抓得住的美丽吗？

少年人要见异象

—2019 年初三学习动员会讲话

　　"少年人要见异象"是《圣经》中的一句话，我在谈到青少年成长时几次提到这句话。我那时的理解是：少年人要有与众不同的阅历、要有与众不同的异想、要会"白日做梦"、要会"异想天开"！我现在的理解不一样了：不仅是指少年郎如何看待世界，还应该包括世界怎样看待少年郎——让社会看到你与众不同之处，应该说看到你的不同凡响之处！甚至哪怕让人觉得怪异、惊讶、难以理喻！

　　大家都懒洋洋的，你也懒洋洋的；大家都埋头玩手机，你也沉醉于抖音；大家都纠结于身边的是非，你也因为周围的人和事愤慨与激动；大家耐不住读书的寂寞，你也在教室里心猿意马；大家醉倒在流行的靡靡之音中，你也满足于小确幸里。这说明什么呢？这说明你和所谓"大家"，都将是一群碌碌无为的庸者。

　　历史上有很多伟人、英雄、科学家、艺术家出身并不高贵。与大众相比，看不出他们身上有什么发达的征兆：或许在佣工、或许在流浪、或许为温饱东乞西讨、或许命舛寄人篱下……但他们不甘于现有的生活状况，像饿狼觅捕猎物一样，眈眈地寻找着可能的机会；他们看上去也一样随波逐流，其实却是栖身闹市，韬光养晦；他们看上去一样顽劣淘气，其实却心在凌云九霄；他们吃得下苦，受得住委屈，专注于执着的追求，心无旁骛，志在必得。他们有坚强的自制力，他们知道"士不可以不弘毅"！他们坚信：弘毅是成事者与败事者的分水岭。有了弘毅，才会有跳出尘埃的命运改变。

大家再有一年就要初中毕业了，一年后，你可能还会在一个混日子的高中教室里心不在焉地读书；也可能流落到社会上寻找生路，然后养活自己，娶妻嫁人，成家生子，最后苟且地活着，了此一生。

初中三年的每一年都绝非以后生命中的任一年！人生中有些日子是可以重复的，有些却永不再来，有些日子对以后有着"一招决胜负""一棋定输赢"的先手作用，初中的时光亦如是。

初中如若你是勤勉的，一生你都会努力不辍；初中如若你是好学的，一生你都会手不释卷；初中如若你是爱动脑筋的，一生你都会善于思考；初中如若你是有定力的，一生你都会沉着冷静。初中的模样就是你人生的模样！

初中是你学业成功的最后起点，为什么叫起点呢？起点就是可以把这个时间点作为一个大谋划的开始。你可能小学没有学好，留下了一些知识欠账，但不怕呀！以我读书和工作的经验，告诉大家：初中以前的知识水平，主要不是看你智商水平的高下、思维品质的优劣，而是看你用功的深浅、投入精力的多少！只要你能收回心来，把心安顿在教科书里、安顿在自习堂中、安顿在所有的闲暇时间里，你的学业成绩就会大有进步。为什么说是最后的起点呢？因为到了高中以后，各学科知识开始复杂、难度加大，特别是自然学科。你会常常感到捉襟见肘，甚至叫苦连天。知识越深奥，用功之外越需要逻辑思维能力。把重整军威的起点放在高中已经晚矣！

好同学的学业成绩，校长不是从作业上发现的，不是从考卷上知道的，是校长在巡视自习课堂的时候，看到了他那旁若无人的聚精会神；是校长在教室听课时，看到了他那目不转睛的全神贯注；是校长在校园和他相遇的时候，听到了他谦谦有礼、平静如水的问好，看到了他那流溢于眉宇之间的自强和自信。

是少年，就要有蓬勃的朝气和活力；是青年，就要有约束自己、批判自己、鼓励自己的勇气和智慧。我们是郑北一中的有为少年，就要有帮助父母的成熟和担当。父母可能读书不多，可能教养不够，可能阅历不广，可能对造福社会、有为于社会的担当不够，我们要扛起责任帮助他们。让这个家因为有你而不同，因为有你而出现新气象。因为有你使家族史重新开创。

我们和老师在人格方面是平等的。我们尊重他们，是我们对文明和知识的尊重；我们服从他们，是我们对秩序和纪律的敬畏；我们爱戴他们，是我们有懂感恩的人性美德。

记住我的话，孩子们！学习像种田一样，浇的水多，施的肥多，锄的草多，流的汗多才会有好收成！我少年时努力了，我看《富兰克林自传》，立志要像他一样勤奋。但我没有赶上像你们这样的好时代，这是我人生的遗憾！

还剩下不足200天的学习时光，珍惜它，就可以延伸为365天，甚至更长的长度；怠慢它，余生会有白驹过隙的感叹。"少年人要见异象"，给老师、给爸妈、给自己、给你将来的孩子留下你奋发图强的少年画面！

八千里路云和月

——2021 年百日学习动员大会讲话

今天是二零二一年农历二月初三。

2021年中国有两件喜庆大事：一是全国实现了脱贫，十四亿人的大中国，人人过上了衣暖食饱的生活。你听了会不以为然：温饱算什么！温饱能算幸福吗？你还别说，温饱对饥寒交迫的人来说还真是莫大的幸福。五十多岁以上的人记忆里都珍藏着一幅儿时过年的画面：一家老小团坐在餐桌周围，大快朵颐地吃上一顿饺子，分得几片扣肉……那叫真香啊！香得让你铭记肺腑，让你望眼欲穿地盼着下一年春节的到来！你说这不叫幸福吗？我到了当爷爷的年龄，才悟出了幸福的含义：幸福不是酒池肉林，不是住别墅开豪车，是体验过贫穷或灾难或卑贱后得到的那份物质的满足和精神的满足。有时候两种满足是统一的，比如我对过年的感觉——年货的丰盈和精神的感恩与惬意，你们就没有，你们觉得"朝暮岁岁，尔尔年年"，日子平凡得不能再平凡了，引不起一点兴奋和刺激。

看来物质脱贫以后的当务之急，是积极推动精神脱贫，我们的德智体美劳五育并举的教育方针，就是帮助青少年精神脱贫的最好方剂。有了劳动的辛苦方知安逸的幸福，有了沙漠的荒凉方知绿洲的美丽，对立统一的情绪感受才是情感的饱满！

二是中国在防治突如其来的新冠疫情面前，取得了世界上独一无二的亮眼成绩。目前全世界新冠肺炎感染人数已经数亿且还在增加。我国是最早出现疫情的国家之一，在没有应对疫情的有效手段和经验情况下，中国人民在习近平总书记和党中央的指挥下战胜了超高的人口密度带来的防疫困难，表现出了中华民族伟大的纪律精神和个人利益服从社会大局的公德素养，万众一心、全国一盘棋，不仅取得了抗疫的胜利，而且是全世界唯一保持体量增长的经济体。"灾难见人性"，看看西方某些自以为优人一等的国家，他们在这波疫情中表现出的排外意识和种族歧视态度，与积极向非洲及许多国家援助疫苗及其他抗疫物资的我们相比，高下立见。清华大学何兆武教授说过一句话："大凡在危急的情况下，很能看出一个人的修养。比如梅（贻琦）校长，那时候五十好几了，可是顶有绅士风度，……（日本轰炸时）跑警报的时候，周围人群乱哄哄的，他还是不失仪容，安步当车慢慢地走，同时疏导学生。可是吴晗不这样，就知道慌着逃命一样。有一次拉紧急警报，我看见他连滚带爬在山坡上跑，一副惊慌失措的样子，面色都变了，让我觉得太失一个学者的气度。"在危急和困难前面，智者和勇者才会不慌不乱，沉着应对，气定神闲。郑北一中的学子应该做智者和勇者。

今年是农历牛年，昨天是二月二龙抬头的日子，我们今天在这里举行中考前百日学习的动员大会，我把"牛"字、"龙"字、"百"字选为郑北一中今年的年度字。刚才看着你们活力四射、牛劲十足地进入会场，我不由得使劲鼓起掌来，你们不愧是初生牛犊般的"牛同学"，你们的老师也都是孺子牛般的"牛先生"，"牛同学"和"牛先生"的学校一定是"牛学校"，一群牛的勇敢开拓和辛勤耕耘，一定会换来牛气的金子般的秋天！牛年的后面是虎年，今天我们的士气气吞斗牛，明年我们的神貌一定是威"虎"雄壮！

　　"龙"字也是上上大吉之字，《易经》乾卦中有"见龙在田，利见大人"八字，是说蛟龙出渊，待腾九天。在这个时候要做什么呢？爻辞曰："君子终日乾乾，夕惕若厉，无咎。"朝乾夕惕之词即从此来，我们在中招前的百日内勤奋学习，焚膏继晷，枕戈待旦，才能换来飞龙在天的高光时刻！负常人所不能承载之重，尝常人不能咀嚼之苦，今天做忍辱负重的老牛，明天做云涌风起的龙骧。成败在此百天，大家好自为之！

　　一百天时间不算长也不算短，对于惜时如金的同学来讲，它足够让你命运翻盘。读书要读到"两耳不闻窗外事"的境界，这不是不关心国家大事，不是不忧国忧民，只是说必须保持一份定力和专注，有了定力和专注，就可以做成任何大事。不管世事纷扰，不管大千万象，都要有"惟此惟大"的执着：课堂之中惟师尔，耳无他；自习之中惟书尔，目无他；考试之中惟题尔，心无他；同学群中惟己尔，脑无他；别人有差距于己，不骄傲不自大；自己有差距于人，不气馁不言败，按照自己制订的可行性学习计划，安下心来扎扎实实读书百天，将会让你对自己刮目相看。在做学问上欲速不达也，最忌的就是急躁。

　　百日征尘，八千里路云和月。十年寒窗，少年白头岂悲切。中考或许是我们人生中不相信眼泪的第一次竞争，我们懈怠不得，畏缩不得，懒惰不得，急躁不得，为了给大家壮行，最后送上一首百字歌给你们：

教育百年大计，先生百世楷模。

师承百里之命，培养诸子百家。

少年百折不挠，英雄身经百战。

抖擞精神百倍，岂可百结愁肠。

为了百年大业，争取百战百胜。

等到百炼成钢，赢得百尺竿头。

不求百里挑一，但求百花齐放。

九月百媚一笑，引来百鸟朝凤。

两种人生角色

——在 2022 年百日学习动员大会上的讲话

同学们，老师们：

今天是郑北一中2022届毕业生的百日誓师会。这个题目不知道能不能拨动你的心弦，让你热血沸腾、摩拳擦掌？但我知道人的生命中，尤其是在被称作"关头"的时刻，需要有一种亢奋，就像发动机一样轰鸣起来。这还不够，还要有足够的燃料，让它一直轰鸣下去。如果这次的誓师大会让你热血沸腾、斗志昂扬，那么就达到了目的。但一直燃烧下去的油料需要你自己在百日跋涉的过程中，甚至更长的时间内，时常到加油站补充，才能续航到目的地。

读书学习是最难做好的一种事情，做好它需要的不是物质的供给，不是道理的宏阔，不是感动的制造，而是兴趣的培养和坚韧的习惯养成。兴趣和坚韧来自于一种能发出生命斑斓的美丽愿景。卢梭有话"世界上最没有用的三种教育方法就是：讲道理、发脾气和刻意感动"。誓师大会制造的不是刻意感动，因为在誓师大会中和之后的更长时间里，我们进行了"反思"，那就是回到初心的时刻，眺望视野的终点，反反复复地思考。诸葛亮在

《诫子书》中有这么一句话——"非宁静无以致远"。所以越是到了快要跃跃欲试的时候，越是需要捋清且抚平浮躁的心绪，站立起躺平的身子，找到通向未来的道路。因此，今天的百日誓师大会也可以称作"百日行动静思会"。

社会学说人的一生有两种角色：一种是先赋角色，另一种是自致角色。先赋角色来源于父辈的转让或直接继承。我们常说的"富二代""穷二代"就属于先赋角色。先赋角色是建立在血缘、遗传等先天因素基础上的社会角色。社会学认为奴隶社会和封建社会由于社会流动少，人们的职业角色、阶级角色即社会阶层的划分大都取决于先赋角色。工业社会以来，尤其是在科学信息化、政治民主化的今天，先赋角色在人的命运中的地位受到了从未有过的撼动，更多人有了对命运的自主选择权，他们摆脱了先赋角色的桎梏，用奋斗较为完满地扮演了一个个精彩的自致角色。有一位叫杨晨的清华学子，他来自信阳市固始县，父母都是农民，父亲长年在外打工，贫寒的生活激发了"穷则思变"的强烈愿望，当学习遇到困难时、懈怠时、落伍时，他都在墙上给自己打一个大大的问号。这个问号他没有说是什么意思，我想这个问号应该是："你愿意把贫穷世代传递下去吗？""你不应该把自己比父母强、子女比你强作为人生的信念吗？""《国际歌》有歌词'从来就没有什么救世主'，拯救自己的人不是自己又能是谁呢？"

社会学认为先赋角色和自致角色两者是相互依存的，先赋角色无论好坏都可以成为上升的阶梯，"富二代"可以有开阔的眼界和充裕的资源，"穷二代"可以有"王侯将相宁有种乎"的鸿鹄之志。"富二代""穷二代"只要不沉湎于安逸和声色，不浑噩于平庸和享乐，都能演绎出最佳的自致角色。"穷二代"若躺平了就依然贫穷，"富二代"躺平了就家道中落，自致角色的关键是努力！

努力、选择和机遇是自致角色中的三个核心要素。努力表现出了一贯性、前置性、主观性的特征，没有努力就没有选择的回旋余地，就没有机遇的垂青和命运的偏爱。机遇既有客观性又有偶然性，选择既有客观性又有主观性，既有偶然性又有必然性。希望同学们都能为了未来而做出不懈的努力，这样才有选择的余地，才有等待机遇的资格。

在先赋角色面前，人永远不会平等，以前是这样，以后还是这样，埋怨和诅咒都没有用。但在自致角色面前，人是平等的，一天24小时对任何人都是一样长。

百天是一段不长也不短的时光，少年的爆发力很强，一百天卓有成效的努力可以平地起高楼，也可以让人百日后对你刮目相看。俗话说少年是开窍的时期，少年开窍之日就是轰轰烈烈的事业开始之时。孟子曰："天将降大任于是人也，必先苦其心志，劳其筋骨，饿其体肤，空乏其身，行拂乱其所为，所以动心忍性，曾益其所不能。"只要你们坚定目标，勇往直前，学习上暂时的困难和差距就不足挂齿！誓师大会吹响了冲锋的号角，斩将搴旗，展少年雄风！

教育的理想国

教育的理想国

教育的理想国：一种思考和愿景，一份价值和求索。

教育的理想国：饱含了设计的呕心，构筑的沥血，居民们的夙愿，教育者的情怀。

教育的理想国，是大人们的栖居诗地，是小孩儿们的童话城堡，是先生们的纯净象牙塔。

教育的理想国，集结了一派追逐美好的浪漫主义者，一族大慈大悲情怀的先生们，一群无怨无悔的盗火者，一众满身温暖和光明的太阳之子。

教育的理想国，一定以幸福为目标：让学生懂得幸福，让学生追求幸福，让学生实现幸福。

教育的理想国，没有赤裸裸的功利主义，没有振振有词的应试至上，没有毫不羞赧的作秀虚伪，没有斯文扫地的不择手段。

教育的理想国，应该坚守教育的洁癖，治学的求真，为师的敦厚，保持与闹世的距离，远离市井的喧嚣。

教育的理想国，学生们课堂用心，课外开心；没有汹汹戾气、没有自甘平庸、没有纨绔习气、没有得过且过，有的是鸿鹄之志、有的是尽其所能、有的是团结友爱、有的是活力四射。

教育的理想国让学生既有平民的意识，又有贵族的精神；既有平常心的淡定，又有争上游的努力；既有干大事的壮志，又有矜细行的严谨；既有天下苍生的抱负，又有怜悯之心的柔软；既有叱咤风云的英雄气概，又有谦谦君子的士人之风。

教育的理想国让教师既有学术的高冷，又有生活的出彩；既有老师的严格，又有慈父的亲情；既有作风的严谨，又有性情的随和；既有教育的无私，又有劳动的丰酬。

教育的理想国，在家庭的院落中，在学校的门墙内，在社区的建筑和广场里。是家庭教育、学校教育、社会教育三位一体的大教育。

教育的理想国，把学校教育策划于社会教育的局内，学校教育承载起国民教育的历史使命和责任，为社区的建设发挥具有决定意义的引导作用。

教育的理想国，把父母教育纳入学校教育之中。学校为父母教育培养专职教师，使父母们懂得儿女的奋斗精神和自己的生存努力，儿女的道德修养和自己的人格品行，儿女的乐观和自己的通达，儿女的视野和自己的胸襟，儿女的生活态度和自己的价值观念，互为物象。

教育的理想国一定是充满教育精神的地方：图书馆、阅览室、大众学术报告厅和斗室之家相谐构成了安身立命的精神家园，广场上既有大妈们的广场舞和模特队，又有凝神的思想者和纵论天下事的沙龙角。

教育的理想国，居民有着良好的公民素养，人们互相尊重，邻里互相帮助。社区本身犹如学校，居民本身犹如教师。

教育者用自己的纯净和大爱，换来孩子们明天的纯真、勇敢和智慧。

理想国的学校打通了幼儿园、小学和中学的鸿沟，让教育的上游和中游相互呼应，保证上游的清渠活水，保证下游的通畅流长。相辅相成，一以贯之。

理想国的学校有三大任务：一是早期教育。把培养孩子们的学习品质、道德行为、习惯养成作为教育目标，作为课程的核心目标。二是课堂教学。把激活孩子的思维、催化"问题意识"、培养自由精神作为课堂的新定位。三是父母学校。开发父母教材，以适当的教学时间长度，用短训、特训的方式，帮助父母提高教育子女的理念和方法。使父母的进步带动子女的向上，使子女的成长反哺父母的革新。理想国的学校提出的教育口号是：先"救救父母"，再"救救孩子"！

理想国的学校具有全球化的视野，将建设一支稳定优秀的外教师资队伍，设计出和外国中小学教育较好对接的课程体系，让学生们既有爱家、爱乡、爱国的民族情结，又有开放、融合、发展的世界眼光。

教育的理想国就是理想国学校的理想，教育的理想国就是理想国的教育！

白马湖与月湖

白马湖位于江南水乡的上虞，月湖位于黄淮平原的黄河之畔。两湖相距千里之遥，目睹了画家丰子恺在白马湖畔的春晖中学创作的一幅名画——《人散后，一钩新月天如水》之后，我把白马湖与月湖连成了一体。这幅画很得朱自清和叶圣陶先生推崇，我猜测朱先生、叶先生和丰子恺先生都一样陶醉于明月，陶醉于粼粼湖水中的月光。月湖的设计者、开凿者想必也有这种情怀，以致把湖凿成了一钩新月的形状。白马湖连接着海水，月湖通脉于黄河，但水中的明月却是一样皎洁。

朱自清先生有一篇散文《白马湖》，他在文中这样写了白马湖："湖水清极了，如你所能想到的，一点儿不含糊像镜子。""白马湖最好的时候是黄昏。湖上的山笼着一层青色的薄雾，在水里映着参差的模糊的影子。水光微微地暗淡，像是一面古铜镜。轻风吹来，有一两缕波纹，但随即平静了。天上偶见几只归鸟，我们看着它们越飞越远，直到不见为止。""若没有月呢，便在田野里看萤火。那萤火不是一星半点的，如你们在城中所见；那是成千成百的萤火，一片儿飞出来，像金线网似的，又像耍着许多火绳似的。"

朱自清先生还有一篇散文《春晖的一月》，先生回忆了在春晖中学教书的一段时光，其中对白马湖着墨颇多："山的容光，被云雾遮了一半，仿佛淡妆的姑娘。但三面映照起来，也就青得可以了，映在湖里，白马湖里，接着水光，却另有一番妙景。我右手是个小湖，左手是个大湖。湖有这样大，使我自己觉得小了。湖水有这样满，仿佛要漫到我的脚下。湖在山的趾边，山在湖的唇边；他俩这样亲密，湖将山全吞下去了。吞的是青的，吐的是绿的，那软软的绿呀，绿的是一片，绿的却不安于一片；它无端的皱起来了。如絮的微痕，界出无数片的绿；闪闪闪闪的，像好看的眼睛。"

在朱自清先生的文章里，说起白马湖就必然谈到春晖，谈起春晖就必然说到白马湖，以至于在许多读者的印象中，白马湖成了春晖中学的别名。

朱自清先生在《春晖的一月》里说春晖给了他三件礼物：一是"这种情形正与学校的布置，自然界的布置是一致的。美的一致，一致的美"。二是"事务自然都开诚布公，无所用其躲闪。学生因无须矫情饰伪，故甚活泼有意思。又因能顺全天性，不遭压抑；加以自然界的陶冶，故趣味比较纯正"。三是"我现在住在繁嚣的都市里，我要以闲适的境界调和它，我爱春晖的闲适！"三件礼物透视出的是一种审美："自然界的布置""顺全天性""境界调和"。这种物的审美观就是教育的审美观：自然、天性、率真、自由。《学记》说"道而弗牵，强而弗抑，开而弗达"，朱先生的观点和这个理念才是教育的文化真谛。

月湖西邻黄河迎宾馆，站在月湖岸边东眺，可以看到馆内高耸的法桐，那如冠如伞的蕤茂宛若一抹青山，仿佛月湖就在这青山脚下。月湖的西岸有一片"迷你"白沙滩，时常跑动着三三两两的孩子，或父或母、或爷或奶陪着他们玩聚沙成塔的游戏。

月湖北边一路之隔就是北一中学，比春晖中学离白马湖还近。梭巡在月湖旁的木枕道上，可以听见少年学生的操练口号和时而响起的课铃声。傍晚时分，人们徜徉在月湖广场，那灯火通明的北一中学教学楼就成了人们眼中的又一道风景。月湖给北一中学增加了静谧的感觉，北一中学给月湖增加了文化的味道。有的人会从月湖踱到北一中学的南门，比如我，静静地伫立着。北一中学的大门虽说不上雄伟，但门里正面楼上的几个大字"弗牵、弗抑、弗达"，让人生出一种相似于"'自然界的布置''顺全天性''境界调和'"的感觉。这种感觉或许就是白马湖和月湖的似曾相识与和而不同吧！

"掬水月在手"，这水，无论是月湖的还是白马湖的，里面都有一样的冰清玉洁的明月！

河之洲

《诗经》开篇有一名句："关关雎鸠，在河之洲"。好诗都有画面感：河水滚滚东流，洲上荇菜葳蕤，小舟渔翁唱晚，一行白鹭冲天……

河为何河？洲为何洲？北一学子执拗地说：河则黄河；洲[1]则郑州。

黄河是天河，"黄河之水天上来"；黄河有雷霆万钧之力，"黄河西来决昆仑，咆哮万里触龙门"；黄河有远方，"横沟通海上，远色尽山根"。

奔得久了需要慢下来，绷得紧了需要静下来，英雄的生活一样需要节奏。于是，河造就了洲，在这里缓淌，在这里小憩；于是，洲就成了钟灵毓秀之地，饱餐着河的秀色，润泽着水的爱柔。

郑州似绿洲，"林花四绕馀何称，好种青青竹万竿"！"若问经纶康济术，亭中兼有钓璜人"。郑州耀未来，"书殿连鸡

---

[1] 洲：水中陆地。文中是为了表现北一学子的少年意气和对自己所在城市的喜爱。

鹊，神池接凤凰"。

学校若洲。洲上莺啼鸟啭，洲上万紫千红。想飞，天高任飞。想跃，海阔凭跃。郑北一中"弗牵，弗抑，弗达"的教风，"藏焉，修焉，息焉，游焉"的学风，就是教育之道的注释，就是生命意义的解读。

"奔流到海不复回"，是黄河执着的追寻；"八千里路云和月"，是北一学子闪亮的青春！

奔腾不息的黄河，心灵栖居的绿洲。

河之洲！

我的梦想

　　"梦想"是网络热词，也是个时代热词，什么是"梦想"呢？黄粱美梦是不是梦想？南柯一梦是不是梦想？不是，因为梦想绝不是非分之想，它是执着者的理想，执着到日日牵挂，执着到夜夜入梦，执着到千愁百结，执着到孜孜不倦，执着到成败不计，执着到宠辱不惊，执着到挥之难去，执着到一以往之。

　　梦想首先是一种愿景，但它不是虚无缥缈的蜃楼，不是夸父追日的妄为，不是异想天开的非分；它是弘毅者的恢宏计划，是建筑者的施工蓝图，是用一针一线织出的五彩锦缎，是用一笔一划绘就的美丽图画。梦想不是将来时，也不是一般现在时，而是现在将来时。信念藏蕴于心、初心痴情不改，经过东西南北的风刮，经过千磨万击的雨淋，于是花就追求成了果，梦就变现成了真。

　　不是人人都有梦想，陈胜少时佣耕，就揣有"苟富贵"的梦想，佣耕的伙伴可不这样，他们认为"若为佣耕，何富贵也"！使陈胜不由喟然叹曰："燕雀安知鸿鹄之志哉！"在风云际会之时，他揭竿而起，从大泽乡吹起了反对秦朝暴政的号角，霎时全国风起云涌，短短的七年时间，第一个封建王朝灰飞烟灭。孰为燕雀，孰为鸿鹄？梦想是分水岭。

不是任何人在任何的历史时间点上都可以让自己拥有梦想，白岩松在耶鲁大学的演讲中讲道："当时（1978年）的中国人，每一个个人很难说拥有自己的梦想……梦想这个词对我来说，依然是一个十分陌生的词汇……"他说自己那时是"一个根本不可能有梦想的，一个遥远边疆的小城市里的孩子"。梦想既是个体的产物，也是时代环境的产物。"时势造英雄"，是因为时势有时给英雄提供了造梦的想象和自由，就像土壤和雨水一样，没有它，梦想的种子就不会发芽和生长。现在的时代是中国历史上从未有过的时代，这是一个可以有所作为的时代，可以造梦的时代，青年人要有勃勃野心（即梦想），才不辜负遇见这个好时代的幸运。

通向梦想的过程肯定千回百折，很多人没有梦想是因为看不到千回百折后面的柳暗花明，所以真正有梦想的人是少数。白岩松在演讲中说道：全世界所有伟大的梦想，注定要遭受很多挫折才能显现出来。1963年民权运动领袖马丁·路德·金的"我有一个梦想"传遍了全世界。这个梦想不仅是他个人的梦想，也是千千万万受种族歧视的黑人们的梦想。马丁·路德·金倒下了，但是他鼓舞着更多的黑人挣脱压迫奋然朝着梦想而去。

近代以来，积贫积弱的中国饱受帝国列强的侵略蹂躏，"振兴中华"就成了一代又一代志士仁人的梦想，他们前赴后继、上下求索，用良知，用呐喊，用鲜血和生命，用智慧和胆略进行着不屈不挠的抗争、进行着革故鼎新的建设。而今中国已经成为世界第二大经济体。习近平总书记扛起了"中国梦"的大旗，带领着亿万中国人民追逐着中华民族伟大复兴的梦想。

梦想是种子，种子总要经过冬寒的蕴藏，春风的吹拂，夏日的光照，秋季的雨水，经过耕作者心血和汗水的浇灌，才会变为金色的田野。

千行百业，行行都有梦想。教育者也有自己的梦想：

梦想（一）——

校长不再是世人眼里的官职，而是一个有使命感、有责任感、有情怀、有学问的谦谦君子。

教师从"授业"的师傅变成为"传道"的先生。良好的官风、民风、世风，强固着教师的道德操守和学问涵养。社会向善，家庭向善，教育向善，追求至善不再是梦想而是变成了现实。

梦想（二）——

学校既要融入社会，又与社会保持必要的距离，因为只有这样才能使学校保持社会性和先进性的统一。

在坚持教育的社会主义方向的前提下，学校不再受到诸多部门繁琐、苛细的制约和干扰。校长的心思不是捭阖好各种纵横关系，而是专心致志地思考教育和教学。让校长只做教育家，不做社会活动家、企业家……社会上的每一种行当，都有它的职业局限性，求全责备会毁掉职业人的职业精神！教育家可能在许多社会场合捉襟见肘，但在校园里却有着少年的天真和学者的睿智。

梦想（三）——

父母都有着父母的角色意识和家庭教育素养，他们知道孩子有着和父母不一样的梦想，这其实是孩子们的不同思想和追求，也正因为这个不同，才有了新的创造力和新的世界。

不让孩子去实现父母未实现的梦想，也不越俎代庖地为孩子设计梦想，"孩子自有孩子福"，只有孩子传承了父母最好的社会性遗传，未来才会成功和出彩。

教育的德性就是顺着生命长势，尊重自然天性，给孩子足够的空间和支持。先生做到了"道而弗牵，强而弗抑，开而弗达"，学生才会青出于蓝而胜于蓝。

宠爱是最大的放任，严苛是最无知的压迫。宠爱和严苛在学校教育、家庭教育中往往被老师和父母自以为是地贴上爱的标签。殊不知没有"海阔天高"，何有"鱼跃鸟飞"！教育者有了"海阔天高"的胸襟和艺术，受教育者才有"如鱼得水""如鸟出笼"的事业成功和生命幸福。

梦想（四）——

学中教、教中学，成为课堂教学的常态，实现"不愤不启，不悱不发。举一隅不以三隅反，则不复也"的课堂观。这种课堂才会达到教师和学生的双减负，才会根治"多年减负，愈减愈重"的沉疴！当从改革课堂的症结上发力时，减负才会如汤沃雪、剖决如流。

梦想（五）——

实事求是地而不是哗众取宠地坚持改革，逐渐形成一个较为完美的教育制度。好的制度具有兼容性和规律性：均衡、公平且多样化，高效能的课堂和恰到好处的学业负担……让"玉宇澄清"的朗朗教育，到两个一百年时，成为"富强民主文明和谐"中国的靓丽风景。

梦想（六）——

中国从"发展是硬道理"的阶段，已经发展到"幸福是硬道理"的阶段。关注教育是关注民生的最大议题。在关注教育中，让人民恬淡但不懒惰，追求但不贪婪，竞争但不斗争。让"再穷不能穷教育"的口号变成"富了不忘富教育"的社会共识。

实现梦想常常需要花上几年、有时是一世的精力，甚至需要几代人生生不息的奋斗。教育的梦想就是后者！

实现梦想需要勤勉，需要闻鸡起舞，需要宵衣旰食。梦在彼岸，当乘风破浪往之！